AZERI

VOCABULÁRIO

PALAVRAS MAIS ÚTEIS

PORTUGUÊS AZERI

Para alargar o seu léxico e apurar
as suas competências linguísticas

3000 palavras

Vocabulário Português-Azeri - 3000 palavras

Por Andrey Taranov

Os vocabulários da T&P Books destinam-se a ajudar a aprender, a memorizar, e a rever palavras estrangeiras. O dicionário é dividido em temas, cobrindo todas as principais esferas de atividades quotidianas, negócios, ciência, cultura, etc.

O processo de aprendizagem, utilizando os dicionários baseados em temáticas da T&P Books dá-lhe as seguintes vantagens:

- Informação de origem corretamente agrupada predetermina o sucesso em fases subsequentes da memorização de palavras
- Disponibilização de palavras derivadas da mesma raiz, o que permite a memorização de unidades de texto (em vez de palavras separadas)
- Pequenas unidades de palavras facilitam o processo de estabelecimento de vínculos associativos necessários para a consolidação do vocabulário
- O nível de conhecimento da língua pode ser estimado pelo número de palavras aprendidas

T&P Books Publishing
www.tpbooks.com

ISBN: 978-1-78400-942-7

Este livro também está disponível em formato E-book.
Por favor visite www.tpbooks.com ou as principais livrarias on-line.

VOCABULÁRIO AZERI
palavras mais úteis

Os vocabulários da T&P Books destinam-se a ajudar a aprender, a memorizar, e a rever palavras estrangeiras. O vocabulário contém mais de 3000 palavras de uso comum organizadas tematicamente.

O vocabulário contém as palavras mais comummente usadas
Recomendado como adicional para qualquer curso de línguas
Satisfaz as necessidades dos iniciados e dos alunos avançados de línguas estrangeiras
Conveniente para o uso diário, sessões de revisão e atividades de auto-teste
Permite avaliar o seu vocabulário

Características especias do vocabulário

·   As palavras estão organizadas de acordo com o seu significado, e não por ordem alfabética
·   As palavras são apresentadas em três colunas para facilitar os processos de revisão e auto-teste
·   As palavras compostas são divididas em pequenos blocos para facilitar o processo de aprendizagem
·   O vocabulário oferece uma transcrição simples e adequada de cada palavra estrangeira

O vocabulário contém 101 tópicos incluindo:

Conceitos básicos, Números, Cores, Meses, Estações do ano, Unidades de medida, Roupas & Acessórios, Alimentos & Nutrição, Restaurante, Membros da Família, Parentes, Caráter, Sentimentos, Emoções, Doenças, Cidade, Passeios, Compras, Dinheiro, Casa, Lar, Escritório, Trabalho no Escritório, Importação & Exportação, Marketing, Pesquisa de Emprego, Desportos, Educação, Computador, Internet, Ferramentas, Natureza, Países, Nacionalidades e muito mais ...

TABELA DE CONTEÚDOS

GUIA DE PRONUNCIAÇÃO

Letra	Exemplo Azeri	Alfabeto fonético T&P	Exemplo Português
A a	stabil	[a]	chamar
B b	boksçu	[b]	barril
C c	Ceyran	[dʒ]	adjetivo
Ç ç	Çay	[tʃ]	Tchau!
D d	daraq	[d]	dentista
E e	fevral	[e]	metal
Ə ə	Əncir	[æ]	semana
F f	fokus	[f]	safári
G g	giriş	[g]	gosto
Ğ ğ	Çağırmaq	[ɣ]	agora
H h	həkim	[h]	[h] aspirada
X x	Xanım	[h]	[h] aspirada
I ı	Qarı	[ı]	sinónimo
İ i	dimdik	[i]	sinónimo
J j	Janr	[ʒ]	talvez
K k	kaktus	[k]	kiwi
Q q	Qravüra	[g]	gosto
L l	liman	[l]	libra
M m	mavi	[m]	magnólia
N n	nömrə	[n]	natureza
O o	okean	[o]	lobo
Ö ö	Göbələk	[ø]	orgulhoso
P p	parça	[p]	presente
R r	rəng	[r]	riscar
S s	sap	[s]	sanita
Ş ş	Şair	[ʃ]	mês
T t	tarix	[t]	tulipa
U u	susmaq	[u]	bonita
Ü ü	Ümid	[y]	questionar
V v	varlı	[v]	fava
Y y	Yaponiya	[j]	géiser
Z z	zarafat	[z]	asiático

ABREVIATURAS
usadas no vocabulário

Abreviaturas do Português

adj	-	adjetivo
adv	-	advérbio
anim.	-	animado
conj.	-	conjunção
desp.	-	desporto
etc.	-	etecetra
ex.	-	por exemplo
f	-	nome feminino
f pl	-	feminino plural
fem.	-	feminino
inanim.	-	inanimado
m	-	nome masculino
m pl	-	masculino plural
m, f	-	masculino, feminino
masc.	-	masculino
mat.	-	matemática
mil.	-	militar
pl	-	plural
prep.	-	preposição
pron.	-	pronome
sb.	-	sobre
sing.	-	singular
v aux	-	verbo auxiliar
vi	-	verbo intransitivo
vi, vt	-	verbo intransitivo, transitivo
vr	-	verbo reflexivo
vt	-	verbo transitivo

CONCEITOS BÁSICOS

1. Pronomes

eu	mən	['mæn]
tu	sən	['sæn]
ele, ela	o	['o]
nós	biz	['biz]
vocês	siz	['siz]
eles, elas	onlar	[on'lar]

2. Cumprimentos. Saudações

Olá!	Salam!	[sa'lam]
Bom dia! (formal)	Salam!	[sa'lam]
Bom dia! (de manhã)	Sabahın xeyir!	[saba'hın χɛ'jır]
Boa tarde!	Günortan xeyir!	[gynor'tan χɛ'jır]
Boa noite!	Axşamın xeyir!	[aχʃa'mın χɛ'jır]
cumprimentar (vt)	salamlaşmaq	[salamlaʃ'mah]
Olá!	Salam!	[sa'lam]
saudação (f)	salam	[sa'lam]
saudar (vt)	salamlamaq	[salamla'mah]
Como vai?	Necəsən?	[nɛ'dʒ'æsæn]
O que há de novo?	Nə yenilik var?	['næ ɛni'lik 'var]
Até à vista!	Xudahafiz!	[χudaha'fiz]
Até breve!	Tezliklə görüşənədək!	[tɛz'liklæ gøryʃæ'nædæk]
Adeus! (sing.)	Sağlıqla qal!	[sa'ɣlıgla 'gal]
Adeus! (pl)	Sağlıqla qalın!	[sa'ɣlıgla 'galın]
despedir-se (vr)	vidalaşmaq	[vidalaʃ'mah]
Até logo!	Hələlik!	[hælæ'lik]
Obrigado! -a!	Sağ ol!	['saɣ 'ol]
Muito obrigado! -a!	Çox sağ ol!	['tʃoχ 'saɣ 'ol]
De nada	Buyurun	['buyrun]
Não tem de quê	Dəyməz	[dæj'mæz]
De nada	Bir şey deyil	['bir 'ʃæj 'dɛjıl]
Desculpa!	Bağışla!	[baɣıʃ'la]
Desculpe!	Bağışlayın!	[baɣıʃ'lajın]
desculpar (vt)	Bağışlamaq	[baɣıʃla'mah]
desculpar-se (vr)	üzr istəmək	['juzr istæ'mæk]
As minhas desculpas	Üzrümü qəbul et	[yzry'my gæ'bul 'ɛt]
Desculpe!	Bağışlayın!	[baɣıʃ'lajın]
perdoar (vt)	bağışlamaq	[baɣıʃla'mah]

por favor	rica edirəm	[ri'ʤa ε'diræm]
Não se esqueça!	Unutmayın!	[u'nutmajın]
Certamente! Claro!	Əlbəttə!	[æl'battæ]
Claro que não!	Əlbəttə yox!	[æl'battæ 'joχ]
Está bem! De acordo!	Razıyam!	[ra'zıjam]
Basta!	Bəsti!	['bæsti]

3. Questões

Quem?	Kim?	['kim]
Que?	Nə?	['næ]
Onde?	Harada?	['harada]
Para onde?	Haraya?	['haraja]
De onde?	Haradan?	['haradan]

Quando?	Nə zaman?	['næ za'man]
Para quê?	Niyə?	[ni'jæ]
Porquê?	Nə üçün?	['næ ju'ʧun]

Para quê?	Nədən ötrü?	[næ'dæn øt'ry]
Como?	Necə?	[nε'ʤæ]
Qual?	Nə cür?	['næ 'ʤyr]
Qual? (entre dois ou mais)	Hansı?	[han'sı]

A quem?	Kimə?	[ki'mæ]
Sobre quem?	Kimdən?	[kim'dæn]
Do quê?	Nədən?	[næ'dæn]
Com quem?	Kiminlə?	[ki'minlæ]

Quantos? -as?	Neçə?	[nε'ʧæ]
Quanto?	Nə qədər?	['næ gæ'dær]
De quem? (masc.)	Kimin?	[ki'min]

4. Preposições

com (prep.)	ilə	[i'læ]
sem (prep.)	... sız	[... sız]
a, para (exprime lugar)	da	['da]
sobre (ex. falar ~)	haqqında	[hakkın'da]

antes de ...	qabaq	[ga'bah]
diante de ...	qarşısında	[garʃısın'da]

sob (debaixo de)	altında	[altın'da]
sobre (em cima de)	üstündə	[ystyn'dæ]
sobre (~ a mesa)	üzərində	[yzærin'dæ]

de (vir ~ Lisboa)	... dan	[... dan]
de (feito ~ pedra)	... dan	[... dan]

dentro de (~ dez minutos)	sonra	[son'ra]
por cima de ...	üstündən	[ystyn'dæn]

5. Palavras funcionais. Advérbios. Parte 1

Onde?	Harada?	['harada]
aqui	burada	['burada]
lá, ali	orada	['orada]
em algum lugar	harada isə	['harada isɛ]
em lugar nenhum	heç bir yerdə	['hɛtʃ 'bir ɛr'dæ]
ao pé de ...	yanında	[janın'da]
ao pé da janela	pəncərənin yanında	[pændʒ¡æræ'nin janın'da]
Para onde?	Haraya?	['haraja]
para cá	buraya	['buraja]
para lá	oraya	['oraja]
daqui	buradan	['buradan]
de lá, dali	oradan	['oradan]
perto	yaxın	[ja'χın]
longe	uzaq	[u'zah]
perto de ...	yanaşı	[jana'ʃı]
ao lado de	yaxında	[jaχın'da]
perto, não fica longe	yaxında	[jaχın'da]
esquerdo	sol	['sol]
à esquerda	soldan	[sol'dan]
para esquerda	sola	[so'la]
direito	sağ	['saɣ]
à direita	sağdan	[sa'ɣdan]
para direita	sağa	[sa'ɣa]
à frente	qabaqdan	[gabag'dan]
da frente	qabaq	[ga'bah]
em frente (para a frente)	irəli	[iræ'li]
atrás de ...	arxada	[arχa'da]
por detrás (vir ~)	arxadan	[arχa'dan]
para trás	arxaya	[arχa'ja]
meio (m), metade (f)	orta	[or'ta]
no meio	ortada	[orta'da]
de lado	qıraqdan	[gırag'dan]
em todo lugar	hər yerdə	['hær ɛr'dæ]
ao redor (olhar ~)	ətrafında	[ætrafın'da]
de dentro	içəridən	[itʃæri'dæn]
para algum lugar	haraya isə	['haraja i'sæ]
diretamente	düzünə	[dyzy'næ]
de volta	geriyə	[gɛri'jæ]
de algum lugar	haradan olsa	['haradan ol'sa]
de um lugar	haradansa	['haradansa]

em primeiro lugar	birincisi	[birindʒ'si]
em segundo lugar	ikincisi	[ikintʃi'si]
em terceiro lugar	üçüncüsü	[ytʃʲundʒʲu'sy]

de repente	qəflətən	['gæflætæn]
no início	başlanqıcda	[baʃlangıdʒ'da]
pela primeira vez	birinci dəfə	[birin'dʒʲi dæ'fæ]
muito antes de ...	xeyli əvvəl	['χɛjli æv'væl]
de novo, novamente	yenidən	[ɛni'dæn]
para sempre	həmişəlik	[hæmiʃæ'lik]

nunca	heç bir zaman	['hɛtʃ 'bir za'man]
de novo	yenə	['ɛnæ]
agora	indi	[in'di]
frequentemente	tez-tez	['tɛz 'tɛz]
então	onda	[on'da]
urgentemente	təcili	[tædʒʲi'li]
usualmente	adətən	['adætæn]

a propósito, ...	yeri gəlmişkən	[ɛ'ri gæl'miʃkæn]
é possível	ola bilsin	[o'la bil'sin]
provavelmente	ehtimal ki	[ɛhti'mal 'ki]
talvez	ola bilər	[o'la bi'lær]
além disso, ...	bundan başqa ...	[bun'dan baʃ'ga ...]
por isso ...	buna görə	[bu'na gø'ræ]
apesar de ...	baxmayaraq ki ...	['baχmajarah ki ...]
graças a ...	sayəsində ...	[sajæsin'dæ ...]

que (pron.)	nə	['næ]
que (conj.)	ki	['ki]
algo	nə isə	['næ i'sæ]
alguma coisa	bir şey	['bir 'ʃɛj]
nada	heç bir şey	['hɛtʃ 'bir 'ʃæj]

quem	kim	['kim]
alguém (~ teve uma ideia ...)	kim isə	['kim i'sæ]
alguém	birisi	[biri'si]

ninguém	heç kim	['hɛtʃ kim]
para lugar nenhum	heç bir yerə	['hɛtʃ 'bir ɛ'ræ]
de ninguém	heç kimin	['hɛtʃ ki'min]
de alguém	kiminsə	[ki'minsæ]

tão	belə	[bɛ'læ]
também (gostaria ~ de ...)	habelə	['habɛlæ]
também (~ eu)	həmçinin	['hæmtʃinin]

6. Palavras funcionais. Advérbios. Parte 2

Porquê?	Nə üçün?	['næ ju'tʃun]
por alguma razão	nədənsə	[næ'dænsæ]
porque ...	ona görə ki	[o'na gø'ræ 'ki]
por qualquer razão	nə səbəbə isə	['næ sæbæ'bæ i'sæ]
e (tu ~ eu)	və	['væ]

ou (ser ~ não ser)	yaxud	['jaχud]
mas (porém)	amma	['amma]
para (~ a minha mãe)	üçün	[y'ʧun]
demasiado, muito	həddindən artıq	[hæddin'dæn ar'tıh]
só, somente	yalnız	['jalnız]
exatamente	dəqiq	[dæ'gih]
cerca de (~ 10 kg)	təqribən	[tæg'ribæn]
aproximadamente	təxminən	[tæχ'minæn]
aproximado	təxmini	[tæχmi'ni]
quase	demək olar ki	[dɛ'mæk o'lar 'ki]
resto (m)	qalanı	[gala'nı]
cada	hər bir	['hær 'bir]
qualquer	hansı olursa olsun	[han'sı o'ljursa ol'sun]
muito	çox	['ʧoχ]
muitas pessoas	çoxları	[ʧoχla'rı]
todos	hamısı	['hamısı]
em troca de ...	bunun əvəzində	[bu'nun ævæzin'dæ]
em troca	əvəzində	[ævæzin'dæ]
à mão	əl ilə	['æl i'læ]
pouco provável	çətin ola bilsin	[ʧæ'tin o'la bil'sin]
provavelmente	guman ki	[gy'man 'ki]
de propósito	bilərək	[bi'læræk]
por acidente	təsadüfən	[tæ'sadyfæn]
muito	çox	['ʧoχ]
por exemplo	məsələn	['mæsælæn]
entre	arasında	[arasın'da]
entre (no meio de)	ortasında	[ortasın'da]
tanto	bu qədər	['bu gæ'dær]
especialmente	xüsusilə	[χysu'silæ]

NÚMEROS. DIVERSOS

7. Números cardinais. Parte 1

zero	sıfır	['sıfır]
um	bir	['bir]
dois	iki	[i'ki]
três	üç	['ytʃ]
quatro	dörd	['dørd]
cinco	beş	['bɛʃ]
seis	altı	[al'tı]
sete	yeddi	[ɛd'di]
oito	səkkiz	[sæk'kiz]
nove	doqquz	[dok'kuz]
dez	on	['on]
onze	on bir	['on 'bir]
doze	on iki	['on i'ki]
treze	on üç	['on 'jutʃ]
catorze	on dörd	['on 'dørd]
quinze	on beş	['on 'bɛʃ]
dezasseis	on altı	['on al'tı]
dezassete	on yeddi	['on ɛd'di]
dezoito	on səkkiz	['on sæk'kiz]
dezanove	on doqquz	['on dok'kuz]
vinte	iyirmi	[ijır'mi]
vinte e um	iyirmi bir	[ijır'mi 'bir]
vinte e dois	iyirmi iki	[ijır'mi i'ki]
vinte e três	iyirmi üç	[ijır'mi 'jutʃ]
trinta	otuz	[o'tuz]
trinta e um	otuz bir	[o'tuz 'bir]
trinta e dois	otuz iki	[o'tuz i'ki]
trinta e três	otuz üç	[o'tuz 'jutʃ]
quarenta	qırx	['gırχ]
quarenta e um	qırx bir	['gırχ 'bir]
quarenta e dois	qırx iki	['gırχ i'ki]
quarenta e três	qırx üç	['gırχ 'jutʃ]
cinquenta	əlli	[æl'li]
cinquenta e um	əlli bir	[æl'li 'bir]
cinquenta e dois	əlli iki	[æl'li i'ki]
cinquenta e três	əlli üç	[æl'li 'jutʃ]
sessenta	altmış	[alt'mıʃ]
sessenta e um	altmış bir	[alt'mıʃ 'bir]

sessenta e dois	altmış iki	[alt'mıʃ i'ki]
sessenta e três	altmış üç	[alt'mıʃ 'juʧ]
setenta	yetmiş	[ɛt'miʃ]
setenta e um	yetmiş bir	[ɛt'miʃ 'bir]
setenta e dois	yetmiş iki	[ɛt'miʃ i'ki]
setenta e três	yetmiş üç	[ɛt'miʃ 'juʧ]
oitenta	səksən	[sæk'sæn]
oitenta e um	səksən bir	[sæk'sæn 'bir]
oitenta e dois	səksən iki	[sæk'sæn i'ki]
oitenta e três	səksən üç	[sæk'sæn 'juʧ]
noventa	doxsan	[doχ'san]
noventa e um	doxsan bir	[doχ'san 'bir]
noventa e dois	doxsan iki	[doχ'san i'ki]
noventa e três	doxsan üç	[doχ'san 'juʧ]

8. Números cardinais. Parte 2

cem	yüz	['jyz]
duzentos	iki yüz	[i'ki 'juz]
trezentos	üç yüz	['juʧ 'juz]
quatrocentos	dörd yüz	['dørd 'juz]
quinhentos	beş yüz	['bɛʃ 'juz]
seiscentos	altı yüz	[al'tı 'juz]
setecentos	yeddi yüz	[ɛd'di 'juz]
oitocentos	səkkiz yüz	[sæk'kiz 'juz]
novecentos	doqquz yüz	[dok'kuz 'juz]
mil	min	['min]
dois mil	iki min	[i'ki 'min]
três mil	üç min	['juʧ 'min]
dez mil	on min	['on 'min]
cem mil	yüz min	['juz 'min]
um milhão	milyon	[mi'ljon]
mil milhões	milyard	[mi'ljard]

9. Números ordinais

primeiro	birinci	[birin'ʤʲi]
segundo	ikinci	[ikin'ʤʲi]
terceiro	üçüncü	[yʧun'ʤʲu]
quarto	dördüncü	[dørdyn'ʤy]
quinto	beşinci	[bɛʃin'ʤʲi]
sexto	altıncı	[altın'ʤʲı]
sétimo	yeddinci	[ɛddin'ʤʲi]
oitavo	səkkizinci	[sækkizin'ʤʲi]
nono	doqquzuncu	[dokkuzun'ʤy]
décimo	onuncu	[onun'ʤʲu]

CORES. UNIDADES DE MEDIDA

10. Cores

cor (f)	rəng	['rænh]
matiz (m)	çalar	[ʧa'lar]
tom (m)	ton	['ton]
arco-íris (m)	qövsi-quzeh	[gøvsi gy'zɛh]
branco	ağ	['aɣ]
preto	qara	[ga'ra]
cinzento	boz	['boz]
verde	yaşıl	[ja'ʃıl]
amarelo	sarı	[sa'rı]
vermelho	qırmızı	[gırmı'zı]
azul	göy	['gøj]
azul claro	mavi	[ma'vi]
rosa	çəhrayı	[ʧæhra'jı]
laranja	narıncı	[narın'dʒı]
violeta	bənövşəyi	[bænøvʃæ'jı]
castanho	şabalıdı	[ʃabalı'dı]
dourado	qızıl	[gı'zıl]
prateado	gümüşü	[gymy'ʃy]
bege	bej rəngli	[bɛʒ ræng'li]
creme	krem rəngli	[krɛm ræng'li]
turquesa	firuzəyi	[firuzæ'jı]
vermelho cereja	tünd qırmızı	['tynd gırmı'zı]
lilás	açıq bənövşəyi	[a'ʧıh bænøvʃæ'jı]
carmesim	moruq rəngli	[moruh ræng'li]
claro	açıq rəngli	[a'ʧıh ræng'li]
escuro	tünd	['tynd]
vivo	parlaq	[par'lah]
de cor	rəngli	[ræng'li]
a cores	rəngli	[ræng'li]
preto e branco	ağ-qara	['aɣ ga'ra]
unicolor	birrəng	[bir'rænh]
multicor	müxtəlif rəngli	[myχtæ'lif ræng'li]

11. Unidades de medida

peso (m)	çəki	[ʧæ'ki]
comprimento (m)	uzunluq	[uzun'ɬuh]

largura (f)	en	['ɛn]
altura (f)	hündürlük	[hyndyr'lyk]
profundidade (f)	dərinlik	[dærin'lik]
volume (m)	həcm	['hædʒim]
área (f)	səth	['sæth]

grama (m)	qram	['gram]
miligrama (m)	milliqram	[milli'gram]
quilograma (m)	kiloqram	[kilog'ram]
tonelada (f)	ton	['ton]
libra (453,6 gramas)	girvənkə	[girvæn'kæ]
onça (f)	unsiya	['unsija]

metro (m)	metr	['mɛtr]
milímetro (m)	millimetr	[milli'mɛtr]
centímetro (m)	santimetr	[santi'mɛtr]
quilómetro (m)	kilometr	[kilo'mɛtr]
milha (f)	mil	['mil]

polegada (f)	düym	['dyjm]
pé (304,74 mm)	fut	['fut]
jarda (914,383 mm)	yard	['jard]

metro (m) quadrado	kvadrat metr	[kvad'rat 'mɛtr]
hectare (m)	hektar	[hɛk'tar]

litro (m)	litr	['litr]
grau (m)	dərəcə	[dæræ'dʒiæ]
volt (m)	volt	['volt]
ampere (m)	amper	[am'pɛr]
cavalo-vapor (m)	at gücü	['at gy'dʒy]

quantidade (f)	miqdar	[mig'dar]
um pouco de ...	bir az ...	['bir 'az ...]
metade (f)	yarım	[ja'rım]
dúzia (f)	on iki	['on i'ki]
peça (f)	ədəd	[æ'dæd]

dimensão (f)	ölçü	[øl'tʃu]
escala (f)	miqyas	[mi'gjas]

mínimo	minimal	[mini'mal]
menor, mais pequeno	ən kiçik	['æn ki'tʃik]
médio	orta	[or'ta]
máximo	maksimal	[maksi'mal]
maior, mais grande	ən böyük	['æn bø'juk]

12. Recipientes

boião (m) de vidro	şüşə banka	[ʃy'ʃæ ban'ka]
lata (~ de cerveja)	konserv bankası	[kon'sɛrv banka'sı]
balde (m)	vedrə	[vɛd'ræ]
barril (m)	çəllək	[tʃæl'læk]
bacia (~ de plástico)	ləyən	[læ'jæn]

tanque (m)	bak	['bak]
cantil (m) de bolso	mehtərə	[mɛhtæ'ræ]
bidão (m) de gasolina	kanistr	[ka'nistr]
cisterna (f)	sistern	[sis'tɛrn]

caneca (f)	parç	['partʃ]
chávena (f)	fincan	[fin'dʒʲan]
pires (m)	nəlbəki	[nælbæ'ki]
copo (m)	stəkan	[stæ'kan]
taça (f) de vinho	qədəh	[gæ'dæh]
panela, caçarola (f)	qazan	[ga'zan]

| garrafa (f) | şüşə | [ʃy'ʃæ] |
| gargalo (m) | boğaz | [bo'gaz] |

jarro, garrafa (f)	qrafin	[gra'fin]
jarro (m) de barro	səhənk	[sæ'hænk]
recipiente (m)	qab	['gap]
pote (m)	bardaq	[bar'dah]
vaso (m)	güldan	[gylʲ'dan]

frasco (~ de perfume)	flakon	[fla'kon]
frasquinho (ex. ~ de iodo)	şüşə	[ʃy'ʃæ]
tubo (~ de pasta dentífrica)	tübik	['tybik]

saca (ex. ~ de açúcar)	torba	[tor'ba]
saco (~ de plástico)	paket	[pa'kɛt]
maço (m)	paçka	[patʃ'ka]

caixa (~ de sapatos, etc.)	qutu	[gu'tu]
caixa (~ de madeira)	yeşik	[ɛ'ʃik]
cesta (f)	səbət	[sæ'bæt]

VERBOS PRINCIPAIS

13. Os verbos mais importantes. Parte 1

abrir (vt)	açmaq	[atʃ'mah]
acabar, terminar (vt)	qurtarmaq	[gurtar'mah]
aconselhar (vt)	məsləhət vermək	[mæslæ'hæt vɛr'mæk]
adivinhar (vt)	tapmaq	[tap'mah]
advertir (vt)	xəbərdarlıq etmək	[xæbærdar'lıh ɛt'mæk]

ajudar (vt)	kömək etmək	[kø'mæk ɛt'mæk]
almoçar (vi)	nahar etmək	[na'har ɛt'mæk]
alugar (~ um apartamento)	kirayə etmək	[kira'jæ ɛt'mæk]
amar (vt)	sevmək	[sɛv'mæk]
ameaçar (vt)	hədələmək	[hædælæ'mæk]

anotar (escrever)	yazmaq	[jaz'mah]
apanhar (vt)	tutmaq	[tut'mah]
apressar-se (vr)	tələsmək	[tælæs'mæk]
arrepender-se (vr)	heyfsilənmək	[hɛjfsilæn'mæk]
assinar (vt)	imzalamaq	[imzala'mah]

atirar, disparar (vi)	atəş açmaq	[a'tæʃ atʃ'mah]
brincar (vi)	zarafat etmək	[zara'fat ɛt'mæk]
brincar, jogar (crianças)	oynamaq	[ojna'mah]
buscar (vt)	axtarmaq	[axtar'mah]
caçar (vi)	ova çıxmaq	[o'va tʃıx'mah]

cair (vi)	yıxılmaq	[jıxıl'mah]
cavar (vt)	qazmaq	[gaz'mah]
cessar (vt)	kəsmək	[kæs'mæk]
chamar (~ por socorro)	çağırmaq	[tʃaɣır'mah]
chegar (vi)	gəlmək	[gæl'mæk]
chorar (vi)	ağlamaq	[aɣla'mah]

começar (vt)	başlamaq	[baʃla'mah]
comparar (vt)	müqayisə etmək	[mygajı'sæ ɛt'mæk]
compreender (vt)	başa düşmək	[ba'ʃa dyʃ'mæk]
concordar (vi)	razı olmaq	[ra'zı ol'mah]
confiar (vt)	etibar etmək	[ɛti'bar ɛt'mæk]

confundir (equivocar-se)	dolaşıq salmaq	[dola'ʃıh sal'mah]
conhecer (vt)	tanımaq	[tanı'mah]
contar (fazer contas)	saymaq	[saj'mah]
contar com (esperar)	bel bağlamaq	['bɛl baɣla'mah]
continuar (vt)	davam etdirmək	[da'vam ɛtdir'mæk]

controlar (vt)	nəzarət etmək	[næza'ræt ɛt'mæk]
convidar (vt)	dəvət etmək	[dæ'væt ɛt'mæk]
correr (vi)	qaçmaq	[gatʃ'mah]

criar (vt)	yaratmaq	[jarat'mah]
custar (vt)	qiyməti olmaq	[gijmæ'ti ol'mah]

14. Os verbos mais importantes. Parte 2

dar (vt)	vermək	[vɛr'mæk]
dar uma dica	eyham vurmaq	[ɛj'ham vur'mah]
decorar (enfeitar)	bəzəmək	[bæzæ'mæk]
defender (vt)	müdafiyə etmək	[mydafi'jæ ɛt'mæk]
deixar cair (vt)	yerə salmaq	[ɛ'ræ sal'mah]

descer (para baixo)	aşağı düşmək	[aʃa'ɣı dyʃ'mæk]
desculpar-se (vr)	üzr istəmək	['juzr istæ'mæk]
dirigir (~ uma empresa)	idarə etmək	[ida'ræ ɛt'mæk]
discutir (notícias, etc.)	müzakirə etmək	[myzaki'ræ ɛt'mæk]
dizer (vt)	demək	[dɛ'mæk]

duvidar (vt)	şübhələnmək	[ʃybhælæn'mæk]
encontrar (achar)	tapmaq	[tap'mah]
enganar (vt)	aldatmaq	[aldat'mah]
entrar (na sala, etc.)	daxil olmaq	[da'χil ol'mah]
enviar (uma carta)	göndərmək	[gøndær'mæk]

errar (equivocar-se)	səhv etmək	['sæhv ɛt'mæk]
escolher (vt)	seçmək	[sɛtʃ'mæk]
esconder (vt)	gizlətmək	[gizlæt'mæk]
escrever (vt)	yazmaq	[jaz'mah]
esperar (o autocarro, etc.)	gözləmək	[gøzlæ'mæk]

esperar (ter esperança)	ümid etmək	[y'mid ɛt'mæk]
esquecer (vt)	unutmaq	[unut'mah]
estudar (vt)	öyrənmək	[øjræn'mæk]
exigir (vt)	tələb etmək	[tæ'læp ɛt'mæk]
existir (vi)	mövcud olmaq	[møv'dʒyd ol'mah]

explicar (vt)	izah etmək	[i'zah ɛt'mæk]
falar (vi)	danışmaq	[danıʃ'mah]
faltar (clases, etc.)	buraxmaq	[buraχ'mah]
fazer (vt)	etmək	[ɛt'mæk]
ficar em silêncio	susmaq	[sus'mah]
gabar-se, jactar-se (vr)	lovğalanmaq	[lovɣalan'mah]

gostar (apreciar)	xoşuna gəlmək	[χoʃu'na gæl'mæk]
gritar (vi)	çığırmaq	[tʃıɣır'mah]
guardar (cartas, etc.)	saxlamaq	[saχla'mah]

informar (vt)	məlumat vermək	[mæl'u'mat vɛr'mæk]
insistir (vi)	təkid etmək	[tæ'kid ɛt'mæk]

insultar (vt)	təhkir etmək	[tæh'kir ɛt'mæk]
interessar-se (vr)	maraqlanmaq	[maraglan'mah]
ir (a pé)	getmək	[gɛt'mæk]
ir nadar	çimmək	[tʃim'mæk]
jantar (vi)	axşam yeməyi yemək	[aχ'ʃam ɛmæ'jı ɛ'mæk]

15. Os verbos mais importantes. Parte 3

ler (vt)	oxumaq	[oχu'mah]
libertar (cidade, etc.)	azad etmək	[a'zad ɛt'mæk]
matar (vt)	öldürmək	[øldyr'mæk]
mencionar (vt)	adını çəkmək	[adı'nı ʧæk'mæk]
mostrar (vt)	göstərmək	[gøstær'mæk]

mudar (modificar)	dəyişmək	[dæiʃ'mæk]
nadar (vi)	üzmək	[yz'mæk]
negar-se (vt)	imtina etmək	[imti'na ɛt'mæk]
objetar (vt)	etiraz etmək	[ɛti'raz ɛt'mæk]

observar (vt)	müşaidə etmək	[myʃai'dæ ɛt'mæk]
ordenar (mil.)	əmr etmək	['æmr ɛt'mæk]
ouvir (vt)	eşitmək	[ɛʃit'mæk]
pagar (vt)	pulunu ödəmək	[pulʲu'nu ødæ'mæk]
parar (vi)	dayanmaq	[dajan'mah]

participar (vi)	iştirak etmək	[iʃti'rak ɛt'mæk]
pedir (comida)	sifariş etmək	[sifa'riʃ ɛt'mæk]
pedir (um favor, etc.)	xahiş etmək	[χa'hiʃ ɛt'mæk]
pegar (tomar)	almaq	[al'mah]
pensar (vt)	düşünmək	[dyʃyn'mæk]

perceber (ver)	görmək	[gør'mæk]
perdoar (vt)	bağışlamaq	[baɣıʃla'mah]
perguntar (vt)	soruşmaq	[soruʃ'mah]
permitir (vt)	icazə vermək	[idʒʲa'zæ vɛr'mæk]
pertencer (vt)	mənsub olmaq	[mæn'sup ol'mah]

planear (vt)	planlaşdırmaq	[planlaʃdır'mah]
poder (vi)	bacarmaq	[badʒʲar'mah]
possuir (vt)	sahib olmaq	[sa'hip ol'mah]
preferir (vt)	üstünlük vermək	[ystyn'lyk vɛr'mæk]
preparar (vt)	hazırlamaq	[hazırla'mah]

prever (vt)	qabaqcadan görmək	[ga'bagdʒʲadan gør'mæk]
prometer (vt)	vəd etmək	['væd ɛt'mæk]
pronunciar (vt)	tələffüz etmək	[tælæf'fyz ɛt'mæk]
propor (vt)	təklif etmək	[tæk'lif ɛt'mæk]
punir (castigar)	cəzalandırmaq	[dʒʲæzalandır'mah]

16. Os verbos mais importantes. Parte 4

quebrar (vt)	qırmaq	[gır'mah]
queixar-se (vr)	şikayət etmək	[ʃika'jæt ɛt'mæk]
querer (desejar)	istəmək	[istæ'mæk]
recomendar (vt)	məsləhət görmək	[mæslæ'hæt gør'mæk]
repetir (dizer outra vez)	təkrar etmək	[tæk'rar ɛt'mæk]

repreender (vt)	danlamaq	[danla'mah]
reservar (~ um quarto)	sifariş etmək	[sifa'riʃ ɛt'mæk]

responder (vt)	cavab vermək	[dʒ'a'vap vɛr'mæk]
rezar, orar (vi)	dua etmək	[du'a ɛt'mæk]
rir (vi)	gülmək	[gylʲ'mæk]

roubar (vt)	oğurlamaq	[oɣurla'mah]
saber (vt)	bilmək	[bil'mæk]
sair (~ de casa)	çıxmaq	[tʃɪx'mah]
salvar (vt)	xilas etmək	[xi'las ɛt'mæk]
seguir ...	ardınca getmək	[ar'dɪndʒʲa gɛt'mæk]

sentar-se (vr)	oturmaq	[otur'mah]
ser necessário	tələb olunmaq	[tæ'læp olʲun'mah]
ser, estar	olmaq	[ol'mah]
significar (vt)	ifadə etmək	[ifa'dæ ɛt'mæk]

sorrir (vi)	gülümsəmək	[gylymsæ'mæk]
subestimar (vt)	lazımi qədər	[lazɪ'mi gæ'dær
	qiymətləndirməmək	gijmætlæn'dirmæmæk]
surpreender-se (vr)	təəccüblənmək	[taædʒyblæn'mæk]
tentar (vt)	sınamaq	[sɪna'mah]

ter (vt)	malik olmaq	['malik ol'mah]
ter fome	yemək istəmək	[ɛ'mæk istɛ'mæk]
ter medo	qorxmaq	[gorx'mah]
ter sede	içmək istəmək	[itʃ'mæk istæ'mæk]

tocar (com as mãos)	əl vurmaq	['æl vur'mah]
tomar o pequeno-almoço	səhər yeməyi yemək	[sæ'hær ɛmæ'jɪ ɛ'mæk]
trabalhar (vi)	işləmək	[iʃlæ'mæk]
traduzir (vt)	tərcümə etmək	[tærdʒy'mæ ɛt'mæk]
unir (vt)	birləşdirmək	[birlæʃdir'mæk]

vender (vt)	satmaq	[sat'mah]
ver (vt)	görmək	[gør'mæk]
virar (ex. ~ à direita)	döndərmək	[døndær'mæk]
voar (vi)	uçmaq	[utʃ'mah]

TEMPO. CALENDÁRIO

17. Dias da semana

segunda-feira (f)	bazar ertəsi	[ba'zar ɛrtæ'si]
terça-feira (f)	çərşənbə axşamı	[ʧærʃæn'bæ aχʃa'mɪ]
quarta-feira (f)	çərşənbə	[ʧærʃæn'bæ]
quinta-feira (f)	cümə axşamı	[ʤy'mæ aχʃa'mɪ]
sexta-feira (f)	cümə	[ʤy'mæ]
sábado (m)	şənbə	[ʃæn'bæ]
domingo (m)	bazar	[ba'zar]
hoje	bu gün	['bu 'gyn]
amanhã	sabah	['sabah]
depois de amanhã	birigün	[bi'rigyn]
ontem	dünən	['dynæn]
anteontem	sırağa gün	[sıra'ɣa 'gyn]
dia (m)	gündüz	[gyn'dyz]
dia (m) de trabalho	iş günü	['iʃ gy'ny]
feriado (m)	bayram günü	[baj'ram gy'ny]
dia (m) de folga	istirahət günü	[istira'hæt gy'ny]
fim (m) de semana	istirahət günləri	[istira'hæt gynlɛ'ri]
o dia todo	bütün günü	[by'tyn gy'ny]
no dia seguinte	ertəsi gün	[ɛrtæ'si 'gyn]
há dois dias	iki gün qabaq	[i'ki 'gyn ga'bah]
na véspera	ərəfəsində	[æræfæsin'dæ]
diário	gündəlik	[gyndæ'lik]
todos os dias	hər gün	['hær 'gyn]
semana (f)	həftə	[hæf'tæ]
na semana passada	keçən həftə	[kɛ'ʧæn hæf'tæ]
na próxima semana	gələn həftə	[gæ'læn hæf'tæ]
semanal	həftəlik	[hæftæ'lik]
cada semana	həftədə bir	[hæftæ'dæ 'bir]
duas vezes por semana	həftədə iki dəfə	[hæftæ'dæ i'ki dæ'fæ]
cada terça-feira	hər çərşənbə axşamı	['hær ʧærʃæn'bæ aχʃa'mɪ]

18. Horas. Dia e noite

manhã (f)	səhər	[sæ'hær]
de manhã	səhərçağı	[sæ'hær ʧa'ɣɪ]
meio-dia (m)	günorta	[gynor'ta]
à tarde	nahardan sonra	[nahar'dan son'ra]
noite (f)	axşam	[aχ'ʃam]
à noite (noitinha)	axşam	[aχ'ʃam]

noite (f)	gecə	[gɛ'dʒʲæ]
à noite	gecə	[gɛ'dʒʲæ]
meia-noite (f)	gecəyarı	[gɛdʒʲæja'rı]

segundo (m)	saniyə	[sani'jæ]
minuto (m)	dəqiqə	[dægi'gæ]
hora (f)	saat	[sa'at]
meia hora (f)	yarım saat	[ja'rım sa'at]
quarto (m) de hora	on beş dəqiqə	['on 'bɛʃ dægi'gæ]
quinze minutos	on beş dəqiqə	['on 'bɛʃ dægi'gæ]
vinte e quatro horas	gecə-gündüz	[gɛ'dʒʲæ gyn'dyz]

nascer (m) do sol	günəşin doğması	[gynæ'ʃin doɣma'sı]
amanhecer (m)	şəfəq	[ʃæ'fæh]
madrugada (f)	səhər tezdən	[sæ'hær tɛz'dæn]
pôr do sol (m)	gün batan çağı	['gyn ba'tan ʧa'ɣı]

de madrugada	erkəndən	[ɛrkæn'dæn]
hoje de manhã	bu gün səhər	['bu 'gyn sæ'hær]
amanhã de manhã	sabah səhər	['sabah sæ'hær]

hoje à tarde	bu gün günorta çağı	['bu 'gyn gynor'ta ʧa'ɣı]
à tarde	nahardan sonra	[nahar'dan son'ra]
amanhã à tarde	sabah nahardan sonra	['sabah nahar'dan son'ra]

| hoje à noite | bu gün axşam | ['bu 'gyn aχ'ʃam] |
| amanhã à noite | sabah axşam | ['sabah aχ'ʃam] |

às três horas em ponto	saat üç tamamda	[sa'at 'juʧ tamam'da]
por volta das quatro	təxminən saat dörd radələrində	[tæχ'minæn sa'at 'dørd radælærin'dæ]
às doze	saat on iki üçün	[sa'at 'on i'ki ju'ʧun]

dentro de vinte minutos	iyirmi dəqiqədən sonra	[ijır'mi dægigæ'dæn son'ra]
dentro duma hora	bir saatdan sonra	['bir saat'dan son'ra]
a tempo	vaxtında	[vaχtın'da]

menos um quarto	on beş dəqiqə qalmış	['on 'bɛʃ dægi'gæ gal'mıʃ]
durante uma hora	bir saat ərzində	['bir sa'at ærzin'dæ]
a cada quinze minutos	hər on beş dəqiqədən bir	['hær 'on 'bɛʃ dægigæ'dæn bir]
as vinte e quatro horas	gecə-gündüz	[gɛ'dʒʲæ gyn'dyz]

19. Meses. Estações

janeiro (m)	yanvar	[jan'var]
fevereiro (m)	fevral	[fɛv'ral]
março (m)	mart	['mart]
abril (m)	aprel	[ap'rɛl]
maio (m)	may	['maj]
junho (m)	iyun	[i'jun]

| julho (m) | iyul | [i'jul] |
| agosto (m) | avqust | ['avgust] |

setembro (m)	**sentyabr**	[sɛn'tʲabr]
outubro (m)	**oktyabr**	[ok'tʲabr]
novembro (m)	**noyabr**	[no'jabr]
dezembro (m)	**dekabr**	[dɛ'kabr]
primavera (f)	**yaz**	['jaz]
na primavera	**yazda**	[jaz'da]
primaveril	**yaz**	['jaz]
verão (m)	**yay**	['jaj]
no verão	**yayda**	[jaj'da]
de verão	**yay**	['jaj]
outono (m)	**payız**	[pa'jız]
no outono	**payızda**	[pajız'da]
outonal	**payız**	[pa'jız]
inverno (m)	**qış**	['gıʃ]
no inverno	**qışda**	[gıʃ'da]
de inverno	**qış**	['gıʃ]
mês (m)	**ay**	['aj]
este mês	**bu ay**	['bu 'aj]
no próximo mês	**gələn ay**	[gæ'læn 'aj]
no mês passado	**keçən ay**	[kɛ'tʃæn 'aj]
há um mês	**bir ay qabaq**	['bir 'aj ga'bah]
dentro de um mês	**bir aydan sonra**	['bir aj'dan son'ra]
dentro de dois meses	**iki aydan sonra**	[i'ki aj'dan son'ra]
todo o mês	**bütün ay**	[by'tyn 'aj]
um mês inteiro	**bütöv ay**	[by'tøv 'aj]
mensal	**aylıq**	[aj'lıh]
mensalmente	**ayda bir dəfə**	[aj'da 'bir dæfæ]
cada mês	**hər ay**	['hær 'aj]
duas vezes por mês	**ayda iki dəfə**	[aj'da i'ki dæ'fæ]
ano (m)	**il**	['il]
este ano	**bu il**	['bu 'il]
no próximo ano	**gələn il**	[gæ'læn 'il]
no ano passado	**keçən il**	[kɛ'tʃæn 'il]
há um ano	**bir il əvvəl**	['bir 'il æv'væl]
dentro dum ano	**bir ildən sonra**	['bir il'dæn son'ra]
dentro de 2 anos	**iki ildən sonra**	[i'ki il'dæn son'ra]
todo o ano	**il uzunu**	['il uzu'nu]
um ano inteiro	**bütün il boyu**	[by'tyn il bo'ju]
cada ano	**hər il**	['hær 'il]
anual	**illik**	[il'lik]
anualmente	**hər ilki**	['hær il'ki]
quatro vezes por ano	**ildə dörd dəfə**	[il'dæ 'dørd dæ'fæ]
data (~ de hoje)	**gün**	['gyn]
data (ex. ~ de nascimento)	**tarix**	[ta'riχ]
calendário (m)	**təqvim**	[tæg'vim]

meio ano	yarım il	[ja'rım 'il]
seis meses	yarım illik	[ja'rım il'lik]
estação (f)	mövsüm	[møv'sym]
século (m)	əsr	['æsr]

VIAGENS. HOTEL

20. Viagens

turismo (m)	turizm	[tu'rizm]
turista (m)	turist	[tu'rist]
viagem (f)	səyahət	[sæja'hæt]
aventura (f)	macəra	[madʒʲæ'ra]
viagem (f)	səfər	[sæ'fær]
férias (f pl)	məzuniyyət	[mæzuni'æt]
estar de férias	məzuniyyətdə olmaq	[mæzuniæt'dæ ol'mah]
descanso (m)	istirahət	[istira'hæt]
comboio (m)	qatar	[ga'tar]
de comboio (chegar ~)	qatarla	[ga'tarla]
avião (m)	təyyarə	[tæja'ræ]
de avião	təyyarə ilə	[tæja'ræ i'læ]
de carro	maşınla	[ma'ʃınla]
de navio	gəmidə	[gæmi'dæ]
bagagem (f)	baqaj	[ba'gaʒ]
mala (f)	çamadan	[ʧama'dan]
carrinho (m)	baqaj üçün araba	[ba'gaʒ ju'ʧun ara'ba]
passaporte (m)	pasport	['pasport]
visto (m)	viza	['viza]
bilhete (m)	bilet	[bi'lɛt]
bilhete (m) de avião	təyyarə bileti	[tæja'ræ bilɛ'ti]
guia (m) de viagem	soraq kitabçası	[so'rah kitabʧa'sı]
mapa (m)	xəritə	[χæri'tæ]
local (m), area (f)	yer	['ɛr]
lugar, sítio (m)	yer	['ɛr]
exotismo (m)	ekzotika	[ɛk'zotika]
exótico	ekzotik	[ɛkzo'tik]
surpreendente	təəccüb doğuran	[taæ'dʒyp doɣu'ran]
grupo (m)	qrup	['grup]
excursão (f)	ekskursiya	[ɛks'kursija]
guia (m)	ekskursiya rəhbəri	[ɛks'kursija ræhbæ'ri]

21. Hotel

hotel (m)	mehmanxana	[mɛhmanχa'na]
motel (m)	motel	[mo'tɛl]
três estrelas	3 ulduzlu	['jutʃ ulduz'lʲu]

| cinco estrelas | 5 ulduzlu | ['bɛʃ ulduz'lʲu] |
| ficar (~ num hotel) | qalmaq | [gal'mah] |

quarto (m)	nömrə	[nøm'ræ]
quarto (m) individual	bir nəfərlik nömrə	['bir næfær'lik nøm'ræ]
quarto (m) duplo	iki nəfərlik nömrə	[i'ki næfær'lik nøm'ræ]
reservar um quarto	nömrə təxsis etmək	[nøm'ræ tæχ'sis ɛt'mæk]

| meia pensão (f) | yarım pansion | [ja'rım pansi'on] |
| pensão (f) completa | tam pansion | ['tam pansi'on] |

com banheira	vannası olan nömrə	[vanna'sı o'lan nøm'ræ]
com duche	duşu olan nömrə	[du'ʃu o'lan nøm'ræ]
televisão (m) satélite	peyk televiziyası	['pɛjk tɛlɛ'vizijası]
ar (m) condicionado	kondisioner	[kondisio'nɛr]
toalha (f)	dəsmal	[dæs'mal]
chave (f)	açar	[a'ʧar]

administrador (m)	müdir	[my'dir]
camareira (f)	otaq qulluqçusu	[o'tah gullʲugʧu'su]
bagageiro (m)	yükdaşıyan	[jykdaʃı'jan]
porteiro (m)	qapıçı	[gapı'ʧı]

restaurante (m)	restoran	[rɛsto'ran]
bar (m)	bar	['bar]
pequeno-almoço (m)	səhər yeməyi	[sæ'hær ɛmɛ'jı]
jantar (m)	axşam yeməyi	[aχ'ʃam ɛmɛ'jı]
buffet (m)	İsveç masası	[is'vɛʧ masa'sı]

| hall (m) de entrada | vestibül | [vɛsti'byl] |
| elevador (m) | lift | ['lift] |

| NÃO PERTURBE | NARAHAT ETMƏYİN! | [nara'hat 'ɛtmæjın] |
| PROIBIDO FUMAR! | SİQARET ÇƏKMƏYİN! | [siga'rɛt 'ʧækmæjın] |

22. Turismo

monumento (m)	abidə	[abi'dæ]
fortaleza (f)	qala	[ga'la]
palácio (m)	saray	[sa'raj]
castelo (m)	qəsr	['gæsr]
torre (f)	qüllə	[gyl'læ]
mausoléu (m)	məqbərə	[mægbæ'ræ]

arquitetura (f)	memarlıq	[mɛmar'lıh]
medieval	orta əsrlərə aid	[or'ta æsrlæ'ræ a'id]
antigo	qədimi	[gædi'mi]
nacional	milli	[mil'li]
conhecido	məşhur	[mæʃ'hur]

turista (m)	turist	[tu'rist]
guia (pessoa)	bələdçi	[bælæd'ʧi]
excursão (f)	gəzinti	[gæzin'ti]
mostrar (vt)	göstərmək	[gøstær'mæk]

contar (vt)	söyləmək	[søjlæ'mæk]
encontrar (vt)	tapmaq	[tap'mah]
perder-se (vr)	itmək	[it'mæk]
mapa (~ do metrô)	sxem	['sχɛm]
mapa (~ da cidade)	plan	['plan]
lembrança (f), presente (m)	suvenir	[suvɛ'nir]
loja (f) de presentes	suvenir mağazası	[suvɛ'nir ma'γazası]
fotografar (vt)	fotoşəkil çəkmək	[fotoʃæ'kil ʧæk'mæk]
fotografar-se	fotoşəkil çəkdirmək	[fotoʃæ'kil ʧækdir'mæk]

TRANSPORTES

23. Aeroporto

aeroporto (m)	hava limanı	[ha'va lima'nı]
avião (m)	təyyarə	[tæja'ræ]
companhia (f) aérea	hava yolu şirkəti	[ha'va jo'lʲu ʃirkæ'ti]
controlador (m)	dispetçer	[dis'pɛtʃɛr]
de tráfego aéreo		

partida (f)	uçub getmə	[u'ʧup gɛt'mæ]
chegada (f)	uçub gəlmə	[u'ʧup gæl'mæ]
chegar (~ de avião)	uçub gəlmək	[u'ʧup gæl'mæk]

hora (f) de partida	yola düşmə vaxtı	[jo'la dyʃmæ vax'tı]
hora (f) de chegada	gəlmə vaxtı	[gæl'mæ vax'tı]

estar atrasado	gecikmək	[gɛʤik'mæk]
atraso (m) de voo	uçuşun gecikməsi	[uʧu'ʃun gɛʤikmæ'si]

painel (m) de informação	məlumat lövhəsi	[mælʲu'mat løvhæ'si]
informação (f)	məlumat	[mælʲu'mat]
anunciar (vt)	elan etmək	[ɛ'lan ɛt'mæk]
voo (m)	reys	['rɛjs]

alfândega (f)	gömrük	[gøm'ryk]
funcionário (m) da alfândega	gömrük işçisi	[gøm'ryk iʃʧi'si]

declaração (f) alfandegária	bəyannamə	[bæjanna'mæ]
preencher a declaração	bəyannaməni doldurmaq	[bæjannamæ'ni doldur'mah]
controlo (m) de passaportes	pasport nəzarəti	['pasport næzaræ'ti]

bagagem (f)	baqaj	[ba'gaʒ]
bagagem (f) de mão	əl yükü	['æl ju'ky]
carrinho (m)	araba	[ara'ba]

aterragem (f)	enmə	[ɛn'mæ]
pista (f) de aterragem	enmə zolağı	[ɛn'mæ zola'ɣı]
aterrar (vi)	enmək	[ɛn'mæk]
escada (f) de avião	pilləkən	[pillæ'kæn]

check-in (m)	qeydiyyat	[gɛjdi'at]
balcão (m) do check-in	qeydiyyat yeri	[gɛjdi'at ɛ'ri]
fazer o check-in	qeydiyyatdan keçmək	[gɛjdiat'dan kɛʧ'mæk]
cartão (m) de embarque	minik talonu	[mi'nik talo'nu]
porta (f) de embarque	çıxış	[ʧı'xıʃ]

trânsito (m)	tranzit	[tran'zit]
esperar (vi, vt)	gözləmək	[gøzlæ'mæk]
sala (f) de espera	gözləmə zalı	[gøzlæ'mæ za'lı]

| despedir-se de ... | yola salmaq | [jo'la sal'mah] |
| despedir-se (vr) | vidalaşmaq | [vidalaʃ'mah] |

24. Avião

avião (m)	təyyarə	[tæja'ræ]
bilhete (m) de avião	təyyarə bileti	[tæja'ræ bilɛ'ti]
companhia (f) aérea	hava yolu şirkəti	[ha'va jo'lʲu ʃirkæ'ti]
aeroporto (m)	hava limanı	[ha'va lima'nɪ]
supersónico	səsdən sürətli	[sæs'dæn syræt'li]

comandante (m) do avião	hava gəmisinin komandiri	[ha'va gæmisi'nin komandi'ri]
tripulação (f)	heyyət	[hɛ'jæt]
piloto (m)	pilot	[pi'lot]
hospedeira (f) de bordo	stüardessa	[styar'dɛssa]
copiloto (m)	şturman	['ʃturman]

asas (f pl)	qanadlar	[ganad'lar]
cauda (f)	arxa	[ar'χa]
cabine (f) de pilotagem	kabina	[ka'bina]
motor (m)	mühərrik	[myhær'rik]
trem (m) de aterragem	şassi	[ʃas'si]
turbina (f)	turbina	[tur'bina]
hélice (f)	propeller	[pro'pɛllɛr]
caixa-preta (f)	qara qutu	[ga'ra gu'tu]
coluna (f) de controlo	sükan çarxı	[sy'kʲan ʧar'χɪ]
combustível (m)	yanacaq	[jana'ʤʲah]

instruções (f pl) de segurança	təlimat	[tæli'mat]
máscara (f) de oxigénio	oksigen maskası	[oksi'gɛn maska'sɪ]
uniforme (m)	rəsmi paltar	[ræs'mi pal'tar]
colete (m) salva-vidas	xilas edici jilet	[χi'las ædi'ʤʲi ʒi'lɛt]
paraquedas (m)	paraşüt	[para'ʃyt]
descolagem (f)	havaya qalxma	[hava'ja galχ'ma]
descolar (vi)	havaya qalxmaq	[hava'ja galχ'mah]
pista (f) de descolagem	qalxma-enmə zolağı	[galχ'ma ɛn'mæ zola'χɪ]

visibilidade (f)	görünmə dərəcəsi	[gøryn'mæ dæræʤ'æ'si]
voo (m)	uçuş	[u'ʧuʃ]
altura (f)	hündürlük	[hyndyr'lyk]
poço (m) de ar	hava boşluğu	[ha'va boʃʲu'χu]

assento (m)	yer	['ɛr]
auscultadores (m pl)	qulaqlıqlar	[gulaglɪg'lar]
mesa (f) rebatível	qatlanan masa	[gatla'nan ma'sa]
vigia (f)	illüminator	[illymi'nator]
passagem (f)	keçid	[kɛ'ʧid]

25. Comboio

| comboio (m) | qatar | [ga'tar] |
| comboio (m) suburbano | elektrik qatarı | [ɛlɛkt'rik gata'rɪ] |

comboio (m) rápido	sürət qatarı	[sy'ræt gata'rı]
locomotiva (f) diesel	teplovoz	[tɛplo'voz]
comboio (m) a vapor	parovoz	[paro'voz]

| carruagem (f) | vaqon | [va'gon] |
| carruagem restaurante (f) | vaqon-restoran | [va'gon rɛsto'ran] |

carris (m pl)	relslər	[rɛls'lær]
caminho de ferro (m)	dəmiryolu	[dæmirjo'lʲu]
travessa (f)	şpal	['ʃpal]

plataforma (f)	platforma	[plat'forma]
linha (f)	yol	['jol]
semáforo (m)	semafor	[sɛma'for]
estação (f)	stansiya	['stansija]

maquinista (m)	maşınsürən	[maʃınsy'ræn]
bagageiro (m)	yükdaşıyan	[jykdaʃı'jan]
hospedeiro, -a (da carruagem)	bələdçi	[bælæd'ʧi]
passageiro (m)	sərnişin	[særni'ʃin]
revisor (m)	nəzarətçi	[næzaræ'ʧi]

corredor (m)	dəhliz	[dæh'liz]
freio (m) de emergência	stop-kran	['stop 'kran]
compartimento (m)	kupe	[ku'pɛ]
cama (f)	yataq yeri	[ja'tah ɛ'ri]
cama (f) de cima	yuxarı yer	[juχa'rı 'ɛr]
cama (f) de baixo	aşağı yer	[aʃa'χı 'ɛr]
roupa (f) de cama	yataq dəyişəyi	[ja'tah dæiʃæ'jı]

bilhete (m)	bilet	[bi'lɛt]
horário (m)	cədvəl	[ʤʲæd'væl]
painel (m) de informação	lövhə	[løv'hæ]

partir (vt)	yola düşmək	[jo'la dyʃ'mæk]
partida (f)	yola düşmə	[jo'la dyʃ'mæ]
chegar (vi)	gəlmək	[gæl'mæk]
chegada (f)	gəlmə	[gæl'mæ]

chegar de comboio	qatarla gəlmək	[ga'tarla gæl'mæk]
apanhar o comboio	qatara minmək	[gata'ra min'mæk]
sair do comboio	qatardan düşmək	[gatar'dan dyʃ'mæk]

acidente (m) ferroviário	qəza	[gæ'za]
comboio (m) a vapor	parovoz	[paro'voz]
fogueiro (m)	ocaqçı	[oʤʲag'ʧi]
fornalha (f)	odluq	[od'lʲuh]
carvão (m)	kömür	[kø'myr]

26. Barco

| navio (m) | gəmi | [gæ'mi] |
| embarcação (f) | gəmi | [gæ'mi] |

vapor (m)	paroxod	[paro'χod]
navio (m)	teploxod	[tɛplo'χod]
transatlântico (m)	layner	['lajnɛr]
cruzador (m)	kreyser	['krɛjsɛr]

iate (m)	yaxta	['jaχta]
rebocador (m)	yedək	[ɛ'dæk]
barcaça (f)	barja	['barʒa]
ferry (m)	bərə	[bæ'ræ]

| veleiro (m) | yelkənli qayıq | [ɛlkæn'li ga'jıh] |
| bergantim (m) | briqantina | [brigan'tina] |

| quebra-gelo (m) | buzqıran | [buzgı'ran] |
| submarino (m) | sualtı qayıq | [sual'tı ga'jıh] |

bote, barco (m)	qayıq	[ga'jıh]
bote, dingue (m)	şlyupka	['ʃlʲupka]
bote (m) salva-vidas	xilasetmə şlyupkası	[χilasɛt'mæ ʃlʲupka'sı]
lancha (f)	kater	['katɛr]

capitão (m)	kapitan	[kapi'tan]
marinheiro (m)	matros	[mat'ros]
marujo (m)	dənizçi	[dæniz'tʃi]
tripulação (f)	heyyət	[hɛ'jæt]

contramestre (m)	bosman	['bosman]
grumete (m)	gəmi şagirdi	[gæ'mi ʃagir'di]
cozinheiro (m) de bordo	gəmi aşpazı	[gæ'mi aʃpa'zı]
médico (m) de bordo	gəmi həkimi	[gæ'mi hæki'mi]

convés (m)	göyərtə	[gøjær'tæ]
mastro (m)	dirək	[di'ræk]
vela (f)	yelkən	[ɛl'kæn]

porão (m)	anbar	[an'bar]
proa (f)	gəminin qabaq tərəfi	[gæmi'nin ga'bah tæræ'fi]
popa (f)	gəminin arxa tərəfi	[gæmi'nin ar'χa tæræ'fi]
remo (m)	avar	[a'var]
hélice (f)	pərvanə	[pærva'næ]

camarote (m)	kayuta	[ka'juta]
sala (f) dos oficiais	kayut-kompaniya	[ka'jut kom'panija]
sala (f) das máquinas	maşın bölməsi	[ma'ʃın bølmæ'si]
ponte (m) de comando	kapitan körpüsü	[kapi'tan kørpy'sy]
sala (f) de comunicações	radio-rubka	['radio 'rupka]
onda (f) de rádio	radio dalğası	['radio dalɣa'sı]
diário (m) de bordo	gəmi jurnalı	[gæ'mi ʒurna'lı]

luneta (f)	müşahidə borusu	[myʃai'dæ boru'su]
sino (m)	zəng	['zænh]
bandeira (f)	bayraq	[baj'rah]

cabo (m)	kanat	[ka'nat]
nó (m)	dənizçi düyünü	[dæniz'tʃi dyju'ny]
corrimão (m)	məhəccər	[mæhæ'dʒʲær]

prancha (f) de embarque	pilləkən	[pillæ'kæn]
âncora (f)	lövbər	[løv'bær]
recolher a âncora	lövbəri qaldırmaq	[løvbæ'ri galdır'mah]
lançar a âncora	lövbər salmaq	[løv'bær sal'mah]
amarra (f)	lövbər zənciri	[løv'bær zændʒi'ri]

porto (m)	liman	[li'man]
cais, amarradouro (m)	körpü	[kør'py]
atracar (vi)	sahilə yaxınlaşmaq	[sahi'læ jaχınlaʃ'mah]
desatracar (vi)	sahildən ayrılmaq	[sahil'dæn ajrıl'mah]

viagem (f)	səyahət	[sæja'hæt]
cruzeiro (m)	kruiz	[kru'iz]
rumo (m), rota (f)	istiqamət	[istiga'mæt]
itinerário (m)	marşrut	[marʃ'rut]

canal (m) navegável	farvater	[far'vatɛr]
baixio (m)	say	['saj]
encalhar (vt)	saya oturmaq	[sa'ja otur'mah]

tempestade (f)	fırtına	[fırtı'na]
sinal (m)	siqnal	[sig'nal]
afundar-se (vr)	batmaq	[bat'mah]
SOS	SOS	['sos]
boia (f) salva-vidas	xilas edici dairə	[χilas ɛdi'dʒi dai'ræ]

CIDADE

27. Transportes urbanos

autocarro (m)	avtobus	[av'tobus]
elétrico (m)	tramvay	[tram'vaj]
troleicarro (m)	trolleybus	[trol'lɛjbus]
itinerário (m)	marşrut	[marʃrut]
número (m)	nömrə	[nøm'ræ]
ir de … (carro, etc.)	getmək	[gɛt'mæk]
entrar (~ no autocarro)	minmək	[min'mæk]
descer de …	enmək	[ɛn'mæk]
paragem (f)	dayanacaq	[dajana'dʒʲah]
próxima paragem (f)	növbəti dayanacaq	[nøvbæ'ti dajana'dʒʲah]
ponto (m) final	axırıncı dayanacaq	[aχırın'dʒʲı dajana'dʒʲah]
horário (m)	hərəkət cədvəli	[hæræ'kæt dʒʲædvæ'li]
esperar (vt)	gözləmək	[gøzlæ'mæk]
bilhete (m)	bilet	[bi'lɛt]
custo (m) do bilhete	biletin qiyməti	[bilɛ'tin gijmæ'ti]
bilheteiro (m)	kassir	[kas'sir]
controlo (m) dos bilhetes	nəzarət	[næza'ræt]
revisor (m)	nəzarətçi	[næzaræ'tʃi]
atrasar-se (vr)	gecikmək	[gɛdʒʲik'mæk]
perder (o autocarro, etc.)	gecikmək	[gɛdʒʲik'mæk]
estar com pressa	tələsmək	[tælæs'mæk]
táxi (m)	taksi	[tak'si]
taxista (m)	taksi sürücüsü	[tak'si syrydʒy'sy]
de táxi (ir ~)	taksi ilə	[tak'si i'læ]
praça (f) de táxis	taksi dayanacağı	[tak'si dajanadʒʲa'ɣı]
chamar um táxi	taksi sifariş etmək	[tak'si sifa'riʃ ɛt'mæk]
apanhar um táxi	taksi tutmaq	[tak'si tut'mah]
tráfego (m)	küçə hərəkəti	[ky'tʃæ hærækæ'ti]
engarrafamento (m)	tıxac	[tı'χadʒʲ]
horas (f pl) de ponta	pik saatları	['pik saatla'rı]
estacionar (vi)	park olunmaq	['park olʲun'mah]
estacionar (vt)	park etmək	['park ɛt'mæk]
parque (m) de estacionamento	avtomobil dayanacağı	[avtomo'bil dajanadʒʲa'ɣı]
metro (m)	metro	[mɛt'ro]
estação (f)	stansiya	['stansija]
ir de metro	metro ilə getmək	[mɛt'ro i'læ gɛt'mæk]
comboio (m)	qatar	[ga'tar]
estação (f)	dəmiryol vağzalı	[dæ'mirjol vaɣza'lı]

28. Cidade. Vida na cidade

cidade (f)	şəhər	[ʃæ'hær]
capital (f)	paytaxt	[paj'taχt]
aldeia (f)	kənd	['kænd]
mapa (m) da cidade	şəhərin planı	[ʃæhæ'rin pla'nı]
centro (m) da cidade	şəhərin mərkəzi	[ʃæhæ'rin mærkæ'zi]
subúrbio (m)	şəhərətrafı qəsəbə	[ʃæhærætra'fı gæsæ'bæ]
suburbano	şəhərətrafı	[ʃæhærætra'fı]
periferia (f)	kənar	[kæ'nar]
arredores (m pl)	ətraf yerlər	[æt'raf ɛr'lɛr]
quarteirão (m)	məhəllə	[mæhæl'læ]
quarteirão (m) residencial	yaşayış məhəlləsi	[jaʃa'jıʃ mæhællæ'si]
tráfego (m)	hərəkət	[hæræ'kæt]
semáforo (m)	svetofor	[svɛto'for]
transporte (m) público	şəhər nəqliyyatı	[ʃæ'hær næglia'tı]
cruzamento (m)	dörd yol ağzı	[dørd 'jol a'ɣzı]
passadeira (f)	keçid	[kɛ'tʃid]
passagem (f) subterrânea	yeraltı keçid	[ɛral'tı kɛ'tʃid]
cruzar, atravessar (vt)	keçmək	[kɛtʃ'mæk]
peão (m)	piyada gedən	[pija'da gɛ'dæn]
passeio (m)	küçə səkisi	[ky'tʃæ sæki'si]
ponte (f)	körpü	[kør'py]
margem (f) do rio	sahil küçəsi	[sa'hil kytʃæ'si]
fonte (f)	fəvvarə	['fævva'ræ]
alameda (f)	xiyaban	[χija'ban]
parque (m)	park	['park]
bulevar (m)	bulvar	[bul'var]
praça (f)	meydan	[mɛj'dan]
avenida (f)	prospekt	[pros'pɛkt]
rua (f)	küçə	[ky'tʃæ]
travessa (f)	döngə	[dø'nqæ]
beco (m) sem saída	dalan	[da'lan]
casa (f)	ev	['ɛv]
edifício, prédio (m)	bina	[bi'na]
arranha-céus (m)	göydələn	[gøjdæ'læn]
fachada (f)	fasad	[fa'sad]
telhado (m)	dam	['dam]
janela (f)	pəncərə	[pændʒʲæ'ræ]
arco (m)	arka	['arka]
coluna (f)	sütun	[sy'tun]
esquina (f)	tin	['tin]
montra (f)	vitrin	[vit'rin]
letreiro (m)	lövhə	[løv'hæ]
cartaz (m)	afişa	[a'fiʃa]
cartaz (m) publicitário	reklam plakatı	[rɛk'lam plaka'tı]

painel (m) publicitário	reklam lövhəsi	[rɛk'lam løvhæ'si]
lixo (m)	tullantılar	[tullantı'lar]
cesta (f) do lixo	urna	['urna]
jogar lixo na rua	zibilləmək	[zibillæ'mæk]
aterro (m) sanitário	zibil tökülən yer	[zi'bil tøky'læn 'ɛr]

cabine (f) telefónica	telefon budkası	[tɛlɛ'fon budka'sı]
candeeiro (m) de rua	fənərli dirək	[fænær'li di'ræk]
banco (m)	skamya	[skam'ja]

polícia (m)	polis işçisi	[po'lis iʧi'si]
polícia (instituição)	polis	[po'lis]
mendigo (m)	dilənçi	[dilæn'ʧi]
sem-abrigo (m)	evsiz-eşiksiz	[ɛv'siz æʃik'siz]

29. Instituições urbanas

loja (f)	mağaza	[ma'ɣaza]
farmácia (f)	aptek	[ap'tɛk]
ótica (f)	optik cihazlar	[op'tik ʤ'ihaz'lar]
centro (m) comercial	ticarət mərkəzi	[tidʒ'a'ræt mærkæ'zi]
supermercado (m)	supermarket	[supɛr'markɛt]

padaria (f)	çörəkçixana	[ʧœrækʧiɣa'na]
padeiro (m)	çörəkçi	['ʧœræk'ʧi]
pastelaria (f)	şirniyyat mağazası	[ʃirni'at ma'ɣazası]
mercearia (f)	bakaleya mağazası	[baka'lɛja ma'ɣazası]
talho (m)	ət dükanı	['æt dyka'nı]

loja (f) de legumes	tərəvəz dükanı	[tæræ'væz dyka'nı]
mercado (m)	bazar	[ba'zar]

café (m)	kafe	[ka'fɛ]
restaurante (m)	restoran	[rɛsto'ran]
bar (m), cervejaria (f)	pivəxana	[pivæɣa'na]
pizzaria (f)	pitseriya	[pitsɛ'rija]

salão (m) de cabeleireiro	bərbərxana	[bærbærɣa'na]
correios (m pl)	poçt	['poʧt]
lavandaria (f)	kimyəvi təmizləmə	[kimjæ'vi tæmizlæ'mæ]
estúdio (m) fotográfico	fotoatelye	[fotoatɛ'ljɛ]

sapataria (f)	ayaqqabı mağazası	[ajakka'bı ma'ɣazası]
livraria (f)	kitab mağazası	[ki'tap ma'ɣazası]
loja (f) de artigos de desporto	idman malları mağazası	[id'man malla'rı ma'ɣazası]

reparação (f) de roupa	paltarların təmiri	[paltarla'rın tæmi'ri]
aluguer (m) de roupa	paltarların kirayəsi	[paltarla'rın kirajæ'si]
aluguer (m) de filmes	filmlərin kirayəsi	[filmlæ'rin kirajæ'si]

circo (m)	sirk	['sirk]
jardim (m) zoológico	heyvanat parkı	[hɛjva'nat par'kı]
cinema (m)	kinoteatr	[kinotɛ'atr]
museu (m)	muzey	[mu'zɛj]

biblioteca (f)	kitabxana	[kitapχa'na]
teatro (m)	teatr	[tɛ'atr]
ópera (f)	opera	['opɛra]
clube (m) noturno	gecə klubu	[gɛ'ʤˠæ klʲu'bu]
casino (m)	kazino	[kazi'no]

mesquita (f)	məsçid	[mæs'ʧid]
sinagoga (f)	sinaqoq	[sina'goh]
catedral (f)	baş kilsə	['baʃ kil'sæ]
templo (m)	məbəd	[mæ'bæd]
igreja (f)	kilsə	[kil'sæ]

instituto (m)	institut	[insti'tut]
universidade (f)	universitet	[univɛrsi'tɛt]
escola (f)	məktəb	[mæk'tæp]

prefeitura (f)	prefektura	[prɛfɛk'tura]
câmara (f) municipal	bələdiyyə	[bælædi'æ]
hotel (m)	mehmanxana	[mɛhmanχa'na]
banco (m)	bank	['bank]

embaixada (f)	səfirlik	[sæfir'lik]
agência (f) de viagens	turizm agentliyi	[tu'rizm agɛntli'jı]
agência (f) de informações	məlumat bürosu	[mælʲu'mat byro'su]
casa (f) de câmbio	mübadilə məntəqəsi	[mybadi'læ mæntægæ'si]

metro (m)	metro	[mɛt'ro]
hospital (m)	xəstəxana	[χæstæχa'na]

posto (m) de gasolina	yanacaq doldurma məntəqəsi	[jana'ʤˠah doldur'ma mæntægæ'si]
parque (m) de estacionamento	avtomobil dayanacağı	[avtomo'bil dajanaʤˠa'ɣı]

30. Sinais

letreiro (m)	lövhə	[løv'hæ]
inscrição (f)	yazı	[ja'zı]
cartaz, póster (m)	plakat	[pla'kat]
sinal (m) informativo	göstərici	[gøstɛri'ʤˠi]
seta (f)	göstərici əqrəb	[gøstɛri'ʤˠi æg'ræp]

aviso (advertência)	xəbərdarlıq	[χæbærdar'lıh]
sinal (m) de aviso	xəbərdarlıq	[χæbærdar'lıh]
avisar, advertir (vt)	xəbərdarlıq etmək	[χæbærdar'lıh ɛt'mæk]

dia (m) de folga	istirahət günü	[istira'hæt gy'ny]
horário (m)	cədvəl	[ʤˠæd'væl]
horário (m) de funcionamento	iş saatları	['iʃ saatla'rı]

BEM-VINDOS!	XOŞ GƏLMİŞSİNİZ!	['χoʃ gæl'miʃsiniz]
ENTRADA	GİRİŞ	[gi'riʃ]
SAÍDA	ÇIXIŞ	[ʧı'χıʃ]
EMPURRE	ÖZÜNDƏN	[øzyn'dæn]
PUXE	ÖZÜNƏ TƏRƏF	[øzy'næ tæ'ræf]

| ABERTO | AÇIQDIR | [a'tʃɪgdɪr] |
| FECHADO | BAĞLIDIR | [ba'ɣlɪdɪr] |

| MULHER | QADINLAR ÜÇÜN | [gadın'lar ju'tʃun] |
| HOMEM | KİŞİLƏR ÜÇÜN | [kiʃi'lær ju'tʃun] |

DESCONTOS	ENDİRİMLƏR	[ɛndirim'lær]
SALDOS	ENDİRİMLİ SATIŞ	[ɛndirim'li sa'tɪʃ]
NOVIDADE!	YENİ MAL!	[ɛ'ni 'mal]
GRÁTIS	PULSUZ	[pul'suz]

ATENÇÃO!	DİQQƏT!	[dik'kæt]
NÃO HÁ VAGAS	BOŞ YER YOXDUR	['boʃ 'ɛr 'joχdur]
RESERVADO	SİFARİŞ EDİLİB	[sifa'riʃ ɛdi'lip]

ADMINISTRAÇÃO	MÜDİRİYYƏT	[mydiri'æt]
SOMENTE PESSOAL	YALNIZ İŞÇİLƏR ÜÇÜN	['jalnız iʃtʃi'lær ju'tʃun]
AUTORIZADO		

CUIDADO CÃO FEROZ	TUTAĞAN İT	[tuta'ɣan 'it]
PROIBIDO FUMAR!	SİQARET ÇƏKMƏYİN!	[siga'rɛt 'tʃækmæjın]
NÃO TOCAR	ƏL VURMAYIN!	['æl 'vurmajın]

PERIGOSO	TƏHLÜKƏLİDİR	[tæhlykæ'lidir]
PERIGO	TƏHLÜKƏ	[tæhly'kæ]
ALTA TENSÃO	YÜKSƏK GƏRGİNLİK	[jyk'sæk gærgin'lik]
PROIBIDO NADAR	ÇİMMƏK QADAĞANDIR	[tʃim'mæk gada'ɣandɪr]
AVARIADO	İŞLƏMİR	[iʃ'læmir]

INFLAMÁVEL	ODDAN TƏHLÜKƏLİDİR	[od'dan tæhlykæ'lidir]
PROIBIDO	QADAĞANDIR	[gada'ɣandɪr]
ENTRADA PROIBIDA	KEÇMƏK QADAĞANDIR	[kɛtʃ'mæk gada'ɣandɪr]
CUIDADO TINTA FRESCA	RƏNGLƏNİB	[ræuglæ'nip]

31. Compras

comprar (vt)	almaq	[al'mah]
compra (f)	satın alınmış şey	[sa'tın alın'mıʃ 'ʃɛj]
fazer compras	alış-veriş etmək	[a'lıʃ vɛ'riʃ æt'mæk]
compras (f pl)	şoppinq	['ʃoppinh]

| estar aberta (loja, etc.) | işləmək | [iʃlæ'mæk] |
| estar fechada | bağlanmaq | [baɣlan'mah] |

calçado (m)	ayaqqabı	[ajakka'bı]
roupa (f)	geyim	[gɛ'jım]
cosméticos (m pl)	kosmetika	[kos'mɛtika]
alimentos (m pl)	ərzaq	[ær'zah]
presente (m)	hədiyyə	[hædi'æ]

vendedor (m)	satıcı	[satı'dʒʲı]
vendedora (f)	satıcı qadın	[satı'dʒʲı ga'dın]
caixa (f)	kassa	['kassa]
espelho (m)	güzgü	[ɣyz'gy]

balcão (m)	piştaxta	[piʃtaχ'ta]
cabine (f) de provas	paltarı ölçüb baxmaq	[palta'rı øl'tʃup baχ'mah]
	üçün yer	ju'tʃun 'ɛr]

provar (vt)	paltarı ölçüb baxmaq	[palta'rı øl'tʃup baχ'mah]
servir (vi)	münasib olmaq	[myna'sip ol'mah]
gostar (apreciar)	xoşuna gəlmək	[χoʃu'na gæl'mæk]

preço (m)	qiymət	[gij'mæt]
etiqueta (f) de preço	qiymət yazılan birka	[gij'mæt jazı'lan 'birka]
custar (vt)	qiyməti olmaq	[gijmæ'ti ol'mah]
Quanto?	Neçəyədir?	[nɛtʃæ'jædir]
desconto (m)	endirim	[ɛndi'rim]

não caro	baha olmayan	[ba'ha 'olmajan]
barato	ucuz	[u'dʒyz]
caro	bahalı	[baha'lı]
É caro	Bu, bahadır.	['bu ba'hadır]

aluguer (m)	kirayə	[kira'jæ]
alugar (vestidos, etc.)	kirayəyə götürmək	[kirajæ'jæ gøtyr'mæk]
crédito (m)	kredit	[krɛ'dit]
a crédito	kreditlə almaq	[krɛ'ditlæ al'mah]

VESTUÁRIO & ACESSÓRIOS

32. Roupa exterior. Casacos

roupa (f)	geyim	[gɛ'jɪm]
roupa (f) exterior	üst geyim	['just gɛ'jɪm]
roupa (f) de inverno	qış paltarı	['gɪʃ palta'rɪ]
sobretudo (m)	palto	[pal'to]
casaco (m) de peles	kürk	['kyrk]
casaco curto (m) de peles	yarımkürk	[jarɪm'kyrk]
casaco (m) acolchoado	pərğu geyim	[pær'ɣu gɛ'jɪm]
casaco, blusão (m)	gödəkcə	[gødæk'tʃæ]
impermeável (m)	plaş	['plaʃ]
impermeável	su buraxmayan	['su bu'raχmajan]

33. Vestuário de homem & mulher

camisa (f)	köynək	[køj'næk]
calças (f pl)	şalvar	[ʃal'var]
calças (f pl) de ganga	cins	['dʒins]
casaco (m) de fato	pencək	[pɛn'dʒʲæk]
fato (m)	kişi üçün kostyum	[ki'ʃi ju'tʃun kos'tʲum]
vestido (ex. ~ vermelho)	don	['don]
saia (f)	yubka	[yb'ka]
blusa (f)	bluzka	[blʲuz'ka]
casaco (m) de malha	yun kofta	['jun kof'ta]
casaco, blazer (m)	jaket	[ʒa'kɛt]
T-shirt, camiseta (f)	futbolka	[futbol'ka]
calções (Bermudas, etc.)	şort	['ʃort]
fato (m) de treino	idman paltarı	[id'man palta'rɪ]
roupão (m) de banho	hamam xələti	[ha'mam χælæ'ti]
pijama (m)	pijama	[pi'ʒama]
suéter (m)	sviter	['svitɛr]
pulôver (m)	pulover	[pulo'vɛr]
colete (m)	jilet	[ʒi'lɛt]
fraque (m)	frak	['frak]
smoking (m)	smokinq	['smokinh]
uniforme (m)	forma	['forma]
roupa (f) de trabalho	iş paltarı	['iʃ palta'rɪ]
fato-macaco (m)	kombinezon	[kombinɛ'zon]
bata (~ branca, etc.)	həkim xələti	[hæ'kim χælæ'ti]

34. Vestuário. Roupa interior

roupa (f) interior	alt paltarı	['alt palta'rı]
camisola (f) interior	mayka	[maj'ka]
peúgas (f pl)	corab	[dʒʲo'rap]

camisa (f) de noite	gecə köynəyi	[gɛ'dʒʲæ køjnæ'jı]
sutiã (m)	büsthalter	[byst'haltɛr]
meias longas (f pl)	golf corab	['golf dʒʲo'rap]
meias-calças (f pl)	kolqotka	[kolgot'ka]
meias (f pl)	uzun corab	[u'zun dʒʲo'rap]
fato (m) de banho	çimmə paltarı	[tʃim'mæ palta'rı]

35. Adereços de cabeça

chapéu (m)	papaq	[pa'pah]
chapéu (m) de feltro	şlyapa	['ʃlʲapa]
boné (m) de beisebol	beysbol papağı	[bɛjs'bol papa'ɣı]
boné (m)	kepka	[kɛp'ka]

boina (f)	beret	[bɛ'rɛt]
capuz (m)	kapyuşon	[kapy'ʃon]
panamá (m)	panama	[pa'nama]
gorro (m) de malha	yun papaq	['jun pa'pah]

| lenço (m) | baş örtüyü | ['baʃ ørty'ju] |
| chapéu (m) de mulher | kiçik şlyapa | [ki'tʃik 'ʃlʲapa] |

capacete (m) de proteção	kaska	[kas'ka]
bivaque (m)	pilot papağı	[pi'lot papa'ɣı]
capacete (m)	dəbilqə	[dæbil'gæ]

| chapéu-coco (m) | kotelok | [kotɛ'lok] |
| chapéu (m) alto | silindr | [si'lindr] |

36. Calçado

calçado (m)	ayaqqabı	[ajakka'bı]
botinas (f pl)	botinka	[botin'ka]
sapatos (de salto alto, etc.)	tufli	[tuf'li]
botas (f pl)	uzunboğaz çəkmə	[uzunbo'ɣaz tʃæk'mæ]
pantufas (f pl)	şap-şap	['ʃap 'ʃap]

ténis (m pl)	krossovka	[kros'sovka]
sapatilhas (f pl)	ket	['kɛt]
sandálias (f pl)	səndəl	[sæn'dæl]

sapateiro (m)	çəkməçi	[tʃækmæ'tʃi]
salto (m)	daban	[da'ban]
par (m)	tay	['taj]
atacador (m)	qaytan	[gaj'tan]

apertar os atacadores	qaytanlamaq	[gajtanla'mah]
calçadeira (f)	dabançəkən	[dabantʃæ'kæn]
graxa (f) para calçado	ayaqqabı kremi	[ajakka'bı krɛ'mi]

37. Acessórios pessoais

luvas (f pl)	əlcək	[æl'dʒʲæk]
mitenes (f pl)	təkbarmaq əlcək	[tækbar'mah æl'dʒʲæk]
cachecol (m)	şərf	['ʃærf]

óculos (m pl)	eynək	[ɛj'næk]
armação (f) de óculos	çərçivə	[tʃærtʃi'væ]
guarda-chuva (m)	çətir	[tʃæ'tir]
bengala (f)	əl ağacı	['æl aɣa'dʒʲı]
escova (f) para o cabelo	şaç şotkası	['satʃ ʃotka'sı]
leque (m)	yelpik	[ɛl'pik]

gravata (f)	qalstuk	['galstuk]
gravata-borboleta (f)	kəpənək qalstuk	[kæpæ'næk 'galstuk]
suspensórios (m pl)	çiyinbağı	[tʃijınba'ɣı]
lenço (m)	cib dəsmalı	['dʒʲip dæsma'lı]

pente (m)	daraq	[da'rah]
travessão (m)	baş sancağı	['baʃ sandʒʲa'ɣı]
gancho (m) de cabelo	baş sancağı	['baʃ sandʒʲa'ɣı]
fivela (f)	toqqa	[tok'ka]

| cinto (m) | kəmər | [kæ'mær] |
| correia (f) | kəmərcik | [kæmær'dʒʲik] |

mala (f)	çanta	[tʃan'ta]
mala (f) de senhora	qadın cantası	[ga'dın tʃanta'sı]
mochila (f)	arxa çantası	[ar'χa tʃanta'sı]

38. Vestuário. Diversos

moda (f)	moda	['moda]
na moda	dəbdə olan	[dæb'dæ o'lan]
estilista (m)	modelçi	[modɛl'tʃi]

colarinho (m), gola (f)	yaxalıq	[jaχa'lıh]
bolso (m)	cib	['dʒʲip]
de bolso	cib	['dʒʲip]
manga (f)	qol	['gol]
presilha (f)	ilmə asqı	[il'mæ as'gı]
braguilha (f)	miyança	[mijan'tʃa]

fecho (m) de correr	zəncir-bənd	[zɛn'dʒʲir 'bænd]
fecho (m), colchete (m)	bənd	['bænd]
botão (m)	düymə	[dyj'mæ]
casa (f) de botão	ilmə	[il'mæ]
saltar (vi) (botão, etc.)	qopmaq	[gop'mah]

coser, costurar (vi)	tikmək	[tik'mæk]
bordar (vt)	naxış tikmək	[na'χɪʃ tik'mæk]
bordado (m)	naxış	[na'χɪʃ]
agulha (f)	iynə	[ij'næ]
fio (m)	sap	['sap]
costura (f)	tikiş	[ti'kiʃ]

sujar-se (vr)	çirklənmək	[tʃirklæn'mæk]
mancha (f)	ləkə	[læ'kæ]
engelhar-se (vr)	əzilmək	[æzil'mæk]
rasgar (vt)	cırmaq	[dʒʲır'mah]
traça (f)	güvə	[gy'væ]

39. Cuidados pessoais. Cosméticos

pasta (f) de dentes	diş məcunu	['diʃ mædʒy'nu]
escova (f) de dentes	diş fırçası	['diʃ fɪrtʃa'sı]
escovar os dentes	dişləri fırçalamaq	[diʃlæ'ri fɪrtʃala'mah]

máquina (f) de barbear	ülgüc	[ylʲ'gydʒ]
creme (m) de barbear	üz qırxmaq üçün krem	['juz gırχ'mah ju'tʃun 'krɛm]
barbear-se (vr)	üzünü qırxmaq	[yzy'ny gırχ'mah]

| sabonete (m) | sabun | [sa'bun] |
| champô (m) | şampun | [ʃam'pun] |

tesoura (f)	qayçı	[gaj'tʃı]
lima (f) de unhas	dırnaq üçün kiçik bıçqı	[dır'nah ju'tʃun ki'tʃik bɪtʃ'gı]
corta-unhas (m)	dırnaq üçün kiçik kəlbətin	[dır'nah ju'tʃun ki'tʃik kælbæ'tin]

| pinça (f) | maqqaş | [mak'kaʃ] |

cosméticos (m pl)	kosmetika	[kos'mɛtika]
máscara (f) facial	maska	[mas'ka]
manicura (f)	manikür	[mani'kyr]
fazer a manicura	manikür etmək	[mani'kyr ɛt'mæk]
pedicure (f)	pedikür	[pɛdi'kyr]

mala (f) de maquilhagem	kosmetika üçün kiçik çanta	[kos'mɛtika ju'tʃun ki'tʃik tʃan'ta]
pó (m)	pudra	[pud'ra]
caixa (f) de pó	pudra qabı	[pud'ra ga'bı]
blush (m)	ənlik	[æn'lik]

perfume (m)	ətir	[æ'tir]
água (f) de toilette	ətirli su	[ætir'li 'su]
loção (f)	losyon	[lo'sjon]
água-de-colónia (f)	odekolon	[odɛko'lon]

sombra (f) de olhos	göz ətrafına sürülən boyalar	[gøz ætrafı'na syry'læn boja'lar]
lápis (m) delineador	göz üçün karandaş	[gøz ju'tʃun karan'daʃ]
máscara (f), rímel (m)	kirpik üçün tuş	[kir'pik ju'tʃun 'tuʃ]
batom (m)	dodaq boyası	[do'dah boja'sı]

verniz (m) de unhas	dırnaq üçün lak	[dır'nah ju'ʧun 'lak]
laca (f) para cabelos	saç üçün lak	['saʧ ju'ʧun 'lak]
desodorizante (m)	dezodorant	[dɛzodo'rant]

creme (m)	krem	['krɛm]
creme (m) de rosto	üz kremi	['juz krɛ'mi]
creme (m) de mãos	əl kremi	['æl krɛ'mi]
creme (m) antirrugas	qırışığa qarşı krem	[gırıʃı'ɣa gar'ʃı 'krɛm]
creme (m) de dia	gündüz kremi	[gyn'dyz krɛ'mi]
creme (m) de noite	gecə kremi	[gɛ'dʒʲæ krɛ'mi]

tampão (m)	tampon	[tam'pon]
papel (m) higiénico	tualet kağızı	[tua'lɛt kʲaɣɪ'zɪ]
secador (m) elétrico	fen	['fɛn]

40. Relógios de pulso. Relógios

relógio (m) de pulso	qol saatı	[gol saa'tı]
mostrador (m)	siferblat	[sifɛrb'lat]
ponteiro (m)	əqrəb	[æg'ræp]
bracelete (f) em aço	saat bilərziyi	[sa'at bilærzi'jı]
bracelete (f) em pele	qayış	[ga'jıʃ]

pilha (f)	batareya	[bata'rɛja]
descarregar-se	sıradan çıxmaq	[sıra'dan ʧıχ'mah]
trocar a pilha	batareyanı dəyişmək	[bata'rɛjanı dæjıʃ'mæk]
estar adiantado	irəli getmək	[iræ'li gɛt'mæk]
estar atrasado	geri qalmaq	[gɛ'ri gal'mah]

relógio (m) de parede	divar saatı	[di'var saa'tı]
ampulheta (f)	qum saatı	['gum saa'tı]
relógio (m) de sol	günəş saatı	[gy'næʃ saa'tı]
despertador (m)	zəngli saat	[zæŋg'li sa'at]
relojoeiro (m)	saatsaz	[saa'ʦaz]
reparar (vt)	təmir etmək	[tæ'mir ɛt'mæk]

EXPERIÊNCIA DO QUOTIDIANO

41. Dinheiro

dinheiro (m)	pul	['pul]
câmbio (m)	mübadilə	[mybadi'læ]
taxa (f) de câmbio	kurs	['kurs]
Caixa Multibanco (m)	bankomat	[banko'mat]
moeda (f)	pul	['pul]
dólar (m)	dollar	['dollar]
euro (m)	yevro	['ɛvro]
lira (f)	lira	['lira]
marco (m)	marka	[mar'ka]
franco (m)	frank	['frank]
libra (f) esterlina	funt sterling	['funt 'stɛrlinh]
iene (m)	yena	['jɛna]
dívida (f)	borc	['bordʒʲ]
devedor (m)	borclu	[bordʒʲ'lʲu]
emprestar (vt)	borc vermək	['bordʒʲ vɛr'mæk]
pedir emprestado	borc almaq	['bordʒʲ al'mah]
banco (m)	bank	['bank]
conta (f)	hesab	[hɛ'sap]
depositar na conta	hesaba yatırmaq	[hɛsa'ba jatır'mah]
levantar (vt)	hesabdan pul götürmək	[hɛsab'dan 'pul gøtyr'mæk]
cartão (m) de crédito	kredit kartı	[krɛ'dit kar'tı]
dinheiro (m) vivo	nəqd pul	['nægd 'pul]
cheque (m)	çek	['ʧɛk]
passar um cheque	çek yazmaq	['ʧɛk jaz'mah]
livro (m) de cheques	çek kitabçası	['ʧɛk kitapʧa'sı]
carteira (f)	cib kisəsi	['dʒʲip kisæ'si]
porta-moedas (m)	pul kisəsi	['pul kisæ'si]
cofre (m)	seyf	['sɛjf]
herdeiro (m)	vərəsə	[væræ'sæ]
herança (f)	miras	[mi'ras]
fortuna (riqueza)	var-dövlət	['var døv'læt]
arrendamento (m)	icarə	[idʒʲa'ræ]
renda (f) de casa	mənzil haqqı	[mæn'zil hak'kı]
alugar (vt)	kirayə etmək	[kira'jæ ɛt'mæk]
preço (m)	qiymət	[gij'mæt]
custo (m)	qiymət	[gij'mæt]
soma (f)	məbləğ	[mæb'læɣ]

gastar (vt)	sərf etmək	['særf ɛt'mæk]
gastos (m pl)	xərclər	[xærdʒⁱ'lær]
economizar (vi)	qənaət etmək	[gæna'æt ɛt'mæk]
económico	qənaətcil	[gænaæt'dʒⁱil]

pagar (vt)	pulunu ödəmək	[pulⁱu'nu ødæ'mæk]
pagamento (m)	ödəniş	[ødæ'niʃ]
troco (m)	pulun artığı	[pu'lⁱun artı'ɣı]

imposto (m)	vergi	[vɛr'gi]
multa (f)	cərimə	[dʒⁱæri'mæ]
multar (vt)	cərimə etmək	[dʒⁱæri'mæ ɛt'mæk]

42. Correios. Serviço postal

correios (m pl)	poçt binası	['potʃt bina'sı]
correio (m)	poçt	['potʃt]
carteiro (m)	poçtalyon	[potʃta'lⁱon]
horário (m)	iş saatları	['iʃ saatla'rı]

carta (f)	məktub	[mæk'tup]
carta (f) registada	sifarişli məktub	[sifariʃ'li mæk'tup]
postal (m)	poçt kartoçkası	['potʃt kartotʃka'sı]
telegrama (m)	teleqram	[tɛlɛg'ram]
encomenda (f) postal	bağlama	[baɣla'ma]
remessa (f) de dinheiro	pul köçürməsi	['pul køtʃurmæ'si]

receber (vt)	almaq	[al'mah]
enviar (vt)	göndərmək	[gøndær'mæk]
envio (m)	göndərilmə	[gøndæril'mæ]

endereço (m)	ünvan	[yn'van]
código (m) postal	indeks	['indɛks]
remetente (m)	göndərən	[gøndæ'ræn]
destinatário (m)	alan	[a'lan]

| nome (m) | ad | ['ad] |
| apelido (m) | soyadı | ['sojadı] |

tarifa (f)	tarif	[ta'rif]
normal	adi	[a'di]
económico	qənaətə imkan verən	[gænaæ'tæ im'kan vɛ'ræn]

peso (m)	çəki	[tʃæ'ki]
pesar (estabelecer o peso)	çəkmək	[tʃæk'mæk]
envelope (m)	zərf	['zærf]
selo (m)	marka	[mar'ka]

43. Banca

| banco (m) | bank | ['bank] |
| sucursal, balcão (f) | şöbə | [ʃo'bæ] |

consultor (m)	məsləhətçi	[mæslæhæ'ʧi]
gerente (m)	idarə başçısı	[ida'ræ baʃʧɪ'sɪ]
conta (f)	hesab	[hɛ'sap]
número (m) da conta	hesab nömrəsi	[hɛ'sap nømræ'si]
conta (f) corrente	cari hesab	[ʤʲa'ri hɛ'sap]
conta (f) poupança	yığılma hesabı	[jɪɣɪl'ma hɛsa'bɪ]
abrir uma conta	hesab açmaq	[hɛ'sap aʧ'mah]
fechar uma conta	bağlamaq	[baɣla'mah]
depositar na conta	hesaba yatırmaq	[hɛsa'ba jatɪr'mah]
levantar (vt)	hesabdan pul götürmək	[hɛsab'dan 'pul gøtyr'mæk]
depósito (m)	əmanət	[æma'næt]
fazer um depósito	əmanət qoymaq	[æma'næt goj'mah]
transferência (f) bancária	köçürmə	[køʧur'mæ]
transferir (vt)	köçürmə etmək	[køʧur'mæ ɛt'mæk]
soma (f)	məbləğ	[mæb'læɣ]
Quanto?	Nə qədər?	['næ gæ'dær]
assinatura (f)	imza	[im'za]
assinar (vt)	imzalamaq	[imzala'mah]
cartão (m) de crédito	kredit kartı	[krɛ'dit kar'tɪ]
código (m)	kod	['kod]
número (m) do cartão de crédito	kredit kartının nömrəsi	[krɛ'dit kartɪ'nɪn nømræ'si]
Caixa Multibanco (m)	bankomat	[banko'mat]
cheque (m)	çek	['ʧɛk]
passar um cheque	çek yazmaq	['ʧɛk jaz'mah]
livro (m) de cheques	çek kitabçası	['ʧɛk kitapʧa'sɪ]
empréstimo (m)	kredit	[krɛ'dit]
pedir um empréstimo	kredit üçün müraciət etmək	[krɛ'dit ju'ʧun myraʤʲi'æt æt'mæk]
obter um empréstimo	kredit götürmək	[krɛ'dit gøtyr'mæk]
conceder um empréstimo	kredit vermək	[krɛ'dit vɛr'mæk]
garantia (f)	qarantiya	[ga'rantija]

44. Telefone. Conversação telefónica

telefone (m)	telefon	[tɛlɛ'fon]
telemóvel (m)	mobil telefon	[mo'bil tɛlɛ'fon]
secretária (f) electrónica	avtomatik cavab verən	[avtoma'tik ʤʲa'vap vɛ'ræn]
fazer uma chamada	zəng etmək	['zæng ɛt'mæk]
chamada (f)	zəng	['zænh]
marcar um número	nömrəni yığmaq	[nømræ'ni jɪ'ɣmah]
Alô!	allo!	[al'lo]
perguntar (vt)	soruşmaq	[soruʃ'mah]
responder (vt)	cavab vermək	[ʤʲa'vap vɛr'mæk]

ouvir (vt)	eşitmək	[ɛʃit'mæk]
bem	yaxşı	[jax'ʃı]
mal	pis	['pis]
ruído (m)	maneələr	[manɛæ'lær]

auscultador (m)	dəstək	[dæs'tæk]
pegar o telefone	dəstəyi götürmək	[dæstæ'jı gøtyr'mæk]
desligar (vi)	dəstəyi qoymaq	[dæstæ'jı goj'mah]

ocupado	məşğul	[mæʃ'ɣul]
tocar (vi)	zəng etmək	['zæng ɛt'mæk]
lista (f) telefónica	telefon kitabçası	[tɛlɛ'fon kitabtʃa'sı]

local	yerli	[ɛr'li]
para outra cidade	şəhərlərarası	[ʃæhærlærara'sı]
internacional	beynəlxalq	[bɛjnæl'xalh]

45. Telefone móvel

telemóvel (m)	mobil telefon	[mo'bil tɛlɛ'fon]
ecrã (m)	displey	[disp'lɛj]
botão (m)	düymə	[dyj'mæ]
cartão SIM (m)	SİM kart	['sim 'kart]

bateria (f)	batareya	[bata'rɛja]
descarregar-se	boşalmaq	[boʃal'mah]
carregador (m)	elektrik doldurucu cihaz	[ɛlɛkt'rik dolduru'dʒy dʒ¹i'haz]

menu (m)	menyu	[mɛ'nju]
definições (f pl)	sazlamalar	[sazlama'lar]
melodia (f)	melodiya	[mɛ'lodija]
escolher (vt)	seçmək	[sɛtʃ'mæk]

calculadora (f)	kalkulyator	[kalˈkuˈlʲator]
correio (m) de voz	avtomatik cavab verən	[avtoma'tik dʒa'vap vɛ'ræn]
despertador (m)	zəngli saat	[zæng'li sa'at]
contatos (m pl)	telefon kitabçası	[tɛlɛ'fon kitabtʃa'sı]

| mensagem (f) de texto | SMS-xəbər | [ɛsɛ'mɛs xæ'bær] |
| assinante (m) | abunəçi | [abunæ'tʃi] |

46. Estacionário

| caneta (f) | diyircəkli avtoqələm | [dijırdʒ¹æk'li avtogæ'læm] |
| caneta (f) tinteiro | ucluğu olan qələm | [udʒylʲu'ɣu o'lan gæ'læm] |

lápis (m)	karandaş	[karan'daʃ]
marcador (m)	markyor	[marˈkʲor]
caneta (f) de feltro	flomaster	[flo'mastɛr]

| bloco (m) de notas | bloknot | [blok'not] |
| agenda (f) | gündəlik | [gyndæ'lik] |

régua (f)	xətkeş	[χæt'kɛʃ]
calculadora (f)	kalkulyator	[kalʲku'lʲator]
borracha (f)	pozan	[po'zan]
pionés (m)	basmadüymə	[basmadyj'mæ]
clipe (m)	qısqac	[gɪs'gadʒ]

cola (f)	yapışqan	[japɪʃ'gan]
agrafador (m)	stepler	['stɛplɛr]
furador (m)	deşikaçan	[dɛʃika'tʃan]
afia-lápis (m)	qələm yonan	[gæ'læm jo'nan]

47. Línguas estrangeiras

língua (f)	dil	['dil]
língua (f) estrangeira	xarici dil	[χari'dʒi dil]
estudar (vt)	öyrənmək	[øjræn'mæk]
aprender (vt)	öyrənmək	[øjræn'mæk]

ler (vt)	oxumaq	[oχu'mah]
falar (vi)	danışmaq	[danɪʃ'mah]
compreender (vt)	başa düşmək	[ba'ʃa dyʃ'mæk]
escrever (vt)	yazmaq	[jaz'mah]

rapidamente	cəld	['dʒʲæld]
devagar	yavaş	[ja'vaʃ]
fluentemente	sərbəst	[sær'bæst]

regras (f pl)	qaydalar	[gajda'lar]
gramática (f)	qrammatika	[gram'matika]
vocabulário (m)	leksika	['lɛksika]
fonética (f)	fonetika	[fo'nɛtika]

manual (m) escolar	dərslik	[dærs'lik]
dicionário (m)	lüğet	[ly'ɣæt]
manual (m) de autoaprendizagem	rəhbər	[ræh'bær]
guia (m) de conversação	danışıq kitabı	[danɪ'ʃih kita'bɪ]

cassete (f)	kasset	[kas'sɛt]
vídeo cassete (m)	video kasset	['vidɛo kas'sɛt]
CD (m)	SD diski	[si'di dis'ki]
DVD (m)	DVD	[divi'di]

alfabeto (m)	əlifba	[ælif'ba]
soletrar (vt)	hərf-hərf danışmaq	['hærf 'hærf danɪʃ'mah]
pronúncia (f)	tələffüz	[tælæf'fyz]

sotaque (m)	aksent	[ak'sɛnt]
com sotaque	aksentlə danışmaq	[ak'sɛntlæ danɪʃ'mah]
sem sotaque	aksentsiz danışmaq	[aksɛn'tsiz danɪʃ'mah]

palavra (f)	söz	['søz]
sentido (m)	məna	[mæ'na]
cursos (m pl)	kurslar	[kurs'lar]

inscrever-se (vr)	**yazılmaq**	[jazıl'mah]
professor (m)	**müəllim**	[myæl'lim]
tradução (processo)	**tərcümə**	[tærdʒy'mæ]
tradução (texto)	**tərcümə**	[tærdʒy'mæ]
tradutor (m)	**tərcüməçi**	[tærdʒymæ'tʃi]
intérprete (m)	**tərcüməçi**	[tærdʒymæ'tʃi]
poliglota (m)	**poliqlot**	[polig'lot]
memória (f)	**yaddaş**	[jad'daʃ]

REFEIÇÕES. RESTAURANTE

48. Por a mesa

colher (f)	qaşıq	[ga'ʃıh]
faca (f)	bıçaq	[bı'ʧah]
garfo (m)	çəngəl	[ʧæ'ngæl]

chávena (f)	fincan	[fin'ʤʲan]
prato (m)	boşqab	[boʃ'gap]
pires (m)	nəlbəki	[nælbæ'ki]
guardanapo (m)	salfetka	[salfɛt'ka]
palito (m)	dişqurdalayan	[diʃgurdala'jan]

49. Restaurante

restaurante (m)	restoran	[rɛsto'ran]
café (m)	qəhvəxana	[gæhvæχa'na]
bar (m), cervejaria (f)	bar	['bar]
salão (m) de chá	çay salonu	['ʧaj salo'nu]

empregado (m) de mesa	ofisiant	[ofisi'ant]
empregada (f) de mesa	ofisiant qız	[ofisi'ant 'gız]
barman (m)	barmen	['barmɛn]

ementa (f)	menyu	[mɛ'nju]
lista (f) de vinhos	çaxırlar kartı	[ʧaχır'lar kar'tı]
reservar uma mesa	masa sifarişi etmək	[ma'sa sifa'riʃ ɛt'mæk]

prato (m)	yemək	[ɛ'mæk]
pedir (vt)	yemək sifarişi etmək	[ɛ'mæk sifa'riʃ æt'mæk]
fazer o pedido	sifariş etmək	[sifa'riʃ ɛt'mæk]

aperitivo (m)	aperitiv	[apɛri'tiv]
entrada (f)	qəlyanaltı	[gæ'ljanaltı]
sobremesa (f)	desert	[dɛ'sɛrt]

conta (f)	hesab	[hɛ'sap]
pagar a conta	hesabı ödəmək	[hɛsa'bı ødæ'mæk]
dar o troco	pulun artığını qaytarmaq	[pu'lʲun artıɣı'nı gajtar'mah]
gorjeta (f)	çaypulu	[ʧajpu'lʲu]

50. Refeições

comida (f)	yemək	[ɛ'mæk]
comer (vt)	yemək	[ɛ'mæk]

pequeno-almoço (m)	səhər yeməyi	[sæ'hær ɛmɛ'jɪ]
tomar o pequeno-almoço	səhər yeməyi yemək	[sæ'hær ɛmæ'jɪ ɛ'mæk]
almoço (m)	nahar	[na'har]
almoçar (vi)	nahar etmək	[na'har ɛt'mæk]
jantar (m)	axşam yeməyi	[aχ'ʃam ɛmɛ'jɪ]
jantar (vi)	axşam yeməyi yemək	[aχ'ʃam ɛmæ'jɪ ɛ'mæk]

| apetite (m) | iştaha | [iʃta'ha] |
| Bom apetite! | Nuş olsun! | ['nuʃ ol'sun] |

abrir (~ uma lata, etc.)	açmaq	[atʃ'mah]
derramar (vt)	tökmək	[tøk'mæk]
derramar-se (vr)	tökülmək	[tøkyl'mæk]

ferver (vi)	qaynamaq	[gajna'mah]
ferver (vt)	qaynatmaq	[gajnat'mah]
fervido	qatnamış	[gajna'mɪʃ]
arrefecer (vt)	soyutmaq	[sojut'mah]
arrefecer-se (vr)	soyumaq	[soju'mah]

| sabor, gosto (m) | dad | ['dad] |
| gostinho (m) | dad | ['dad] |

fazer dieta	pəhriz saxlamaq	[pæh'riz saχla'mah]
dieta (f)	pəhriz	[pæh'riz]
vitamina (f)	vitamin	[vita'min]
caloria (f)	kaloriya	[ka'lorija]
vegetariano (m)	ət yeməyən adam	['æt 'ɛmæjæn a'dam]
vegetariano	ətsiz xörək	[æ'tsiz χø'ræk]

gorduras (f pl)	yağlar	[ja'ɣlar]
proteínas (f pl)	zülallar	[zylal'lar]
carboidratos (m pl)	karbohidratlar	[karbohidrat'lar]
fatia (~ de limão, etc.)	dilim	[di'lim]
pedaço (~ de bolo)	tikə	[ti'kæ]
migalha (f)	qırıntı	[gɪrɪn'tɪ]

51. Pratos cozinhados

prato (m)	yemək	[ɛ'mæk]
cozinha (~ portuguesa)	mətbəx	[mæt'bæχ]
receita (f)	resept	[rɛ'sɛpt]
porção (f)	porsiya	['porsija]

| salada (f) | salat | [sa'lat] |
| sopa (f) | şorba | [ʃor'ba] |

caldo (m)	ətin suyu	[æ'tin su'ju]
sandes (f)	buterbrod	[butɛr'brod]
ovos (m pl) estrelados	qayqanaq	[gajga'nah]

hambúrguer (m)	hamburqer	['hamburgɛr]
bife (m)	bifşteks	[bifʃ'tɛks]
conduto (m)	qarnir	[gar'nir]

espaguete (m)	spaqetti	[spa'gɛtti]
puré (m) de batata	kartof püresi	[kar'tof pyrɛ'si]
pizza (f)	pitsa	['pitsa]
papa (f)	sıyıq	[sɪ'jɪh]
omelete (f)	omlet	[om'lɛt]

cozido em água	bişmiş	[biʃ'miʃ]
fumado	hisə verilmiş	[hi'sæ vɛril'miʃ]
frito	qızardılmış	[gɪzardɪl'mɪʃ]
seco	quru	[gu'ru]
congelado	dondurulmuş	[dondurul'muʃ]
em conserva	duza qoyulmuş	[du'za gojul'muʃ]

doce (açucarado)	şirin	[ʃi'rin]
salgado	duzlu	[duz'lʲu]
frio	soyuq	[so'juh]
quente	isti	[is'ti]
amargo	acı	[a'dʒʲɪ]
gostoso	dadlı	[dad'lɪ]

cozinhar (em água a ferver)	bişirmək	[biʃir'mæk]
fazer, preparar (vt)	hazırlamaq	[hazɪrla'mah]
fritar (vt)	qızartmaq	[gɪzart'mah]
aquecer (vt)	qızdırmaq	[gɪzdɪr'mah]

salgar (vt)	duz vurmaq	['duz vur'mah]
apimentar (vt)	istiot vurmaq	[isti'ot vur'mah]
ralar (vt)	sürtkəcdə xırdalamaq	[syrtkædʒ'ʲdæ χɪrdala'mah]
casca (f)	qabıq	[ga'bɪh]
descascar (vt)	qabığını soymaq	[gabɪʝɪ'nɪ soj'mah]

52. Comida

carne (f)	ət	['æt]
galinha (f)	toyuq	[to'juh]
frango (m)	cücə	[dʒy'dʒʲæ]
pato (m)	ördək	[ør'dæk]
ganso (m)	qaz	['gaz]
caça (f)	ov quşları və heyvanları	['ov guʃla'rɪ 'væ hɛjvanla'rɪ]
peru (m)	hind toyuğu	['hind toju'ʝu]

carne (f) de porco	donuz əti	[do'nuz æ'ti]
carne (f) de vitela	dana əti	[da'na æ'ti]
carne (f) de carneiro	qoyun əti	[go'jun æ'ti]
carne (f) de vaca	mal əti	['mal æ'ti]
carne (f) de coelho	ev dovşanı	['ɛv dovʃa'nɪ]

chouriço, salsichão (m)	kolbasa	[kolba'sa]
salsicha (f)	sosiska	[sosis'ka]
bacon (m)	bekon	['bɛkon]
fiambre (f)	vetçina	[vɛtʃi'na]
presunto (m)	donuz budu	[do'nuz bu'du]
patê (m)	paştet	[paʃ'tɛt]
fígado (m)	qara ciyər	[ga'ra dʒʲi'jær]

carne (f) moída	qiymə	[gij'mæ]
língua (f)	dil	['dil]
ovo (m)	yumurta	[jumur'ta]
ovos (m pl)	yumurtalar	[jumurta'lar]
clara (f) do ovo	zülal	[zy'lal]
gema (f) do ovo	yumurtanın sarısı	[jumurta'nın sarı'sı]
peixe (m)	balıq	[ba'lıh]
marisco (m)	dəniz məhsulları	[dæ'niz mæhsulla'rı]
caviar (m)	kürü	[ky'ry]
caranguejo (m)	qısaquyruq	[gısaguj'ruh]
camarão (m)	krevet	[krɛ'vɛt]
ostra (f)	istridyə	[istri'dʲæ]
lagosta (f)	lanqust	[lan'gust]
polvo (m)	səkkizayaqlı ilbiz	[sækkizajag'lı il'biz]
lula (f)	kalmar	[kal'mar]
esturjão (m)	nərə balığı	[næ'ræ balı'ɣı]
salmão (m)	qızılbalıq	[gızılba'lıh]
halibute (m)	paltus	['paltus]
bacalhau (m)	treska	[trɛs'ka]
cavala, sarda (f)	skumbriya	['skumbrija]
atum (m)	tunes	[tu'nɛs]
enguia (f)	angvil balığı	[ang'vil balı'ɣı]
truta (f)	alabalıq	[alaba'lıh]
sardinha (f)	sardina	[sar'dina]
lúcio (m)	durnabalığı	[durnabalı'ɣı]
arenque (m)	siyənək	[sijæ'næk]
pão (m)	çörək	[tʃœ'ræk]
queijo (m)	pendir	[pɛn'dir]
açúcar (m)	şəkər	[ʃæ'kær]
sal (m)	duz	['duz]
arroz (m)	düyü	[dy'ju]
massas (f pl)	makaron	[maka'ron]
talharim (m)	əriştə	[æriʃ'tæ]
manteiga (f)	kərə yağı	[kæ'ræ jaɣı]
óleo (m) vegetal	bitki yağı	[bit'ki ja'ɣı]
óleo (m) de girassol	günəbaxan yağ	[gynæba'ɣan jaɣ]
margarina (f)	marqarin	[marga'rin]
azeitonas (f pl)	zeytun	[zɛj'tun]
azeite (m)	zeytun yağı	[zɛj'tun ja'ɣı]
leite (m)	süd	['syd]
leite (m) condensado	qatılaşdırılmış süd	[gatılaʃdırıl'mıʃ 'syd]
iogurte (m)	yoqurt	['jogurt]
nata (f)	xama	[ɣa'ma]
nata (f) do leite	xama	[ɣa'ma]
maionese (f)	mayonez	[majo'nɛz]

creme (m)	krem	['krɛm]
grãos (m pl) de cereais	yarma	[jar'ma]
farinha (f)	un	['un]
enlatados (m pl)	konserv	[kon'sɛrv]

flocos (m pl) de milho	qarğıdalı yumağı	[garɣɪda'lɪ juma'ɣɪ]
mel (m)	bal	['bal]
doce (m)	cem	['dʒ^jɛm]
pastilha (f) elástica	saqqız	[sak'kɪz]

53. Bebidas

água (f)	su	['su]
água (f) potável	içməli su	[itʃmæ'li 'su]
água (f) mineral	mineral su	[minɛ'ral 'su]

sem gás	qazsız	[gaz'sɪz]
gaseificada	qazlı	[gaz'lɪ]
com gás	qazlı	[gaz'lɪ]
gelo (m)	buz	['buz]
com gelo	buzlu	[buz'l^ju]

sem álcool	spirtsiz	[spir'tsiz]
bebida (f) sem álcool	spirtsiz içki	[spir'tsiz itʃ'ki]
refresco (m)	sərinləşdirici içki	[særinlæʃdiri'dʒ^ji itʃ'ki]
limonada (f)	limonad	[limo'nad]

bebidas (f pl) alcoólicas	spirtli içkilər	[spirt'li itʃki'lær]
vinho (m)	çaxır	[tʃa'χɪr]
vinho (m) branco	ağ çaxır	['aɣ tʃa'χɪr]
vinho (m) tinto	qırmızı çaxır	[gɪrmɪ'zɪ tʃa'χɪr]

licor (m)	likyor	[li'k^jor]
champanhe (m)	şampan	[ʃam'pan]
vermute (m)	vermut	['vɛrmut]

uísque (m)	viski	['viski]
vodka (f)	araq	[a'rah]
gim (m)	cin	['dʒ^jin]
conhaque (m)	konyak	[ko'njak]
rum (m)	rom	['rom]

café (m)	qəhvə	[gæh'væ]
café (m) puro	qara qəhvə	[ga'ra gæh'væ]
café (m) com leite	südlü qəhvə	[syd'ly gæh'væ]
cappuccino (m)	xamalı qəhvə	[χama'lɪ gæh'væ]
café (m) solúvel	tez həll olunan qəhvə	['tɛz 'hæll ol^ju'nan gæh'væ]

leite (m)	süd	['syd]
coquetel (m)	kokteyl	[kok'tɛjl]
batido (m) de leite	südlü kokteyl	[syd'ly kok'tɛjl]

| sumo (m) | şirə | [ʃi'ræ] |
| sumo (m) de tomate | tomat şirəsi | [to'mat ʃiræ'si] |

sumo (m) de laranja	portağal şirəsi	[porta'ɣal ʃiræ'si]
sumo (m) fresco	təzə sıxılmış şirə	[tæ'zæ sɪχɪl'mɪʃ ʃi'ræ]
cerveja (f)	pivə	[pi'væ]
cerveja (f) clara	açıq rəngli pivə	[a'ʧɪh ræng'li pi'væ]
cerveja (f) preta	tünd rəngli pivə	['tynd ræng'li pi'væ]
chá (m)	çay	['ʧaj]
chá (m) preto	qara çay	[ga'ra 'ʧaj]
chá (m) verde	yaşıl çay	[ja'ʃɪl 'ʧaj]

54. Vegetais

legumes (m pl)	tərəvəz	[tæræ'væz]
verduras (f pl)	göyərti	[gøjær'ti]
tomate (m)	pomidor	[pomi'dor]
pepino (m)	xiyar	[χi'jar]
cenoura (f)	kök	['køk]
batata (f)	kartof	[kar'tof]
cebola (f)	soğan	[so'ɣan]
alho (m)	sarımsaq	[sarɪm'sah]
couve (f)	kələm	[kæ'læm]
couve-flor (f)	gül kələm	['gylʲ kæ'læm]
couve-de-bruxelas (f)	Brüssel kələmi	['bryssɛl kælæ'mi]
brócolos (m pl)	brokkoli kələmi	['brokkoli kælæ'mi]
beterraba (f)	çuğundur	[ʧuɣun'dur]
beringela (f)	badımcan	[badɪm'ʤʲan]
curgete (f)	yunan qabağı	[ju'nan gaba'ɣɪ]
abóbora (f)	balqabaq	[balga'bah]
nabo (m)	şalğam	[ʃal'ɣam]
salsa (f)	petruşka	[pɛtruʃ'ka]
funcho, endro (m)	şüyüt	[ʃy'jut]
alface (f)	salat	[sa'lat]
aipo (m)	kərəviz	[kæræ'viz]
espargo (m)	qulançar	[gulan'ʧar]
espinafre (m)	ispanaq	[ispa'nah]
ervilha (f)	noxud	[no'χud]
fava (f)	paxla	[paχ'la]
milho (m)	qarğıdalı	[garɣɪda'lɪ]
feijão (m)	lobya	[lo'bja]
pimentão (m)	bibər	[bi'bær]
rabanete (m)	turp	['turp]
alcachofra (f)	ənginar	[æŋgi'nar]

55. Frutos. Nozes

fruta (f)	meyvə	[mɛj'væ]
maçã (f)	alma	[al'ma]

pera (f)	armud	[ar'mud]
limão (m)	limon	[li'mon]
laranja (f)	portağal	[porta'ɣal]
morango (m)	bağ çiyələyi	['baɣ tʃijælæ'jı]

tangerina (f)	mandarin	[manda'rin]
ameixa (f)	gavalı	[gava'lı]
pêssego (m)	şaftalı	[ʃafta'lı]
damasco (m)	ərik	[æ'rik]
framboesa (f)	moruq	[mo'ruh]
ananás (m)	ananas	[ana'nas]

banana (f)	banan	[ba'nan]
melancia (f)	qarpız	[gar'pız]
uva (f)	üzüm	[y'zym]
ginja (f)	albalı	[alba'lı]
cereja (f)	gilas	[gi'las]
meloa (f)	yemiş	[ɛ'miʃ]

toranja (f)	qreypfrut	['grɛjpfrut]
abacate (m)	avokado	[avo'kado]
papaia (f)	papaya	[pa'paja]
manga (f)	manqo	['mango]
romã (f)	nar	['nar]

groselha (f) vermelha	qırmızı qarağat	[gırmı'zı gara'ɣat]
groselha (f) preta	qara qarağat	[ga'ra gara'ɣat]
groselha (f) espinhosa	krıjovnik	[krı'ʒovnik]
mirtilo (m)	qaragilə	[garagi'læ]
amora silvestre (f)	böyürtkən	[bøyrt'kæn]

uvas (f pl) passas	kişmiş	[kiʃ'miʃ]
figo (m)	əncir	[æn'dʒir]
tâmara (f)	xurma	[xur'ma]

amendoim (m)	araxis	[a'raxis]
amêndoa (f)	badam	[ba'dam]
noz (f)	qoz	['goz]
avelã (f)	fındıq	[fın'dıh]
coco (m)	kokos	[ko'kos]
pistáchios (m pl)	püstə	[pys'tæ]

56. Pão. Bolaria

pastelaria (f)	qənnadı məmulatı	[gænna'dı mæmula'tı]
pão (m)	çörək	[tʃœ'ræk]
bolacha (f)	peçenye	[pɛ'tʃɛnjɛ]

chocolate (m)	şokolad	[ʃoko'lad]
de chocolate	şokolad	[ʃoko'lad]
rebuçado (m)	konfet	[kon'fɛt]
bolo (cupcake, etc.)	pirojna	[piroʒ'na]
bolo (m) de aniversário	tort	['tort]
tarte (~ de maçã)	piroq	[pi'roh]

recheio (m)	iç	['itʃ]
doce (m)	mürəbbə	[myræb'bæ]
geleia (f) de frutas	marmelad	[marmɛ'lad]
waffle (m)	vafli	[vaf'li]
gelado (m)	dondurma	[dondur'ma]

57. Especiarias

sal (m)	duz	['duz]
salgado	duzlu	[duz'lʲu]
salgar (vt)	duz vurmaq	['duz vur'mah]

pimenta (f) preta	qara istiot	[ga'ra isti'ot]
pimenta (f) vermelha	qırmızı istiot	[gırmı'zı isti'ot]
mostarda (f)	xardal	[xar'dal]
raiz-forte (f)	qıtığotu	[gıtıɣo'tu]

condimento (m)	yeməyə dad verən əlavə	[ɛmæ'jæ 'dad vɛ'ræn æla'væ]
especiaria (f)	ədviyyat	[ædvi'at]
molho (m)	sous	['sous]
vinagre (m)	sirkə	[sir'kæ]

anis (m)	cirə	[dʒi'ræ]
manjericão (m)	reyhan	[rɛj'han]
cravo (m)	mixək	[mi'xæk]
gengibre (m)	zəncəfil	[zændʒʲæ'fil]
coentro (m)	keşniş	[kɛʃ'niʃ]
canela (f)	darçın	[dar'tʃın]

sésamo (m)	küncüt	[kyn'dʒyt]
folhas (f pl) de louro	dəfnə yarpağı	[dæf'næ jarpa'ɣı]
páprica (f)	paprika	['paprika]
cominho (m)	zirə	[zi'ræ]
açafrão (m)	zəfəran	[zæfæ'ran]

INFORMAÇÃO PESSOAL. FAMÍLIA

58. Informação pessoal. Formulários

nome (m)	ad	['ad]
apelido (m)	soyadı	['sojadı]
data (f) de nascimento	anadan olduğu tarix	[ana'dan oldu'ɣu ta'rix]
local (m) de nascimento	anadan olduğu yer	[ana'dan oldu'ɣu 'ɛr]
nacionalidade (f)	milliyəti	[millijæ'ti]
lugar (m) de residência	yaşayış yeri	[jaʃa'jıʃ jɛ'ri]
país (m)	ölkə	[øl'kæ]
profissão (f)	peşəsi	[pɛʃæ'si]
sexo (m)	cinsi	[dʒ'in'si]
estatura (f)	boyu	[bo'ju]
peso (m)	çəki	[ʧæ'ki]

59. Membros da família. Parentes

mãe (f)	ana	[a'na]
pai (m)	ata	[a'ta]
filho (m)	oğul	[o'ɣul]
filha (f)	qız	['gız]
filha (f) mais nova	kiçik qız	[ki'ʧik 'gız]
filho (m) mais novo	kiçik oğul	[kiʧik o'ɣul]
filha (f) mais velha	böyük qız	[bø'juk 'gız]
filho (m) mais velho	böyük oğul	[bøyk o'ɣul]
irmão (m)	qardaş	[gar'daʃ]
irmã (f)	bacı	[ba'dʒ'ı]
primo (m)	xalaoğlu	[xalao'ɣlʲu]
prima (f)	xalaqızı	[xalagı'zı]
mamã (f)	ana	[a'na]
papá (m)	ata	[a'ta]
pais (pl)	valideynlər	[validɛjn'lær]
criança (f)	uşaq	[u'ʃah]
crianças (f pl)	uşaqlar	[uʃag'lar]
avó (f)	nənə	[næ'næ]
avô (m)	baba	[ba'ba]
neto (m)	nəvə	[næ'væ]
neta (f)	nəvə	[næ'væ]
netos (pl)	nəvələr	[nævæ'lær]
tio (m)	dayı	[da'jı]
tia (f)	xala	[xa'la]

| sobrinho (m) | bacıoğlu | [badʒⁱıoˈɣlⁱu] |
| sobrinha (f) | bacıqızı | [badʒⁱıgıˈzı] |

sogra (f)	qayınana	[gajınaˈna]
sogro (m)	qayınata	[gajnaˈta]
genro (m)	yeznə	[ɛzˈnæ]
madrasta (f)	analıq	[anaˈlıh]
padrasto (m)	atalıq	[ataˈlıh]

criança (f) de colo	südəmər uşaq	[sydæˈmær uˈʃah]
bebé (m)	çağa	[tʃaˈɣa]
menino (m)	körpə	[kørˈpæ]

mulher (f)	arvad	[arˈvad]
marido (m)	ər	[ˈær]
esposo (m)	həyat yoldaşı	[hæˈjat joldaˈʃı]
esposa (f)	həyat yoldaşı	[hæˈjat joldaˈʃı]

casado	evli	[ɛvˈli]
casada	ərli qadın	[ærˈli gaˈdın]
solteiro	subay	[suˈbaj]
solteirão (m)	subay	[suˈbaj]
divorciado	boşanmış	[boʃanˈmıʃ]
viúva (f)	dul qadın	[ˈdul gaˈdın]
viúvo (m)	dul kişi	[ˈdul kiˈʃi]

parente (m)	qohum	[goˈhum]
parente (m) próximo	yaxın qohum	[jaˈxın goˈhum]
parente (m) distante	uzaq qohum	[uˈzah goˈhum]
parentes (m pl)	qohumlar	[gohumˈlar]

órfão (m), órfã (f)	yetim	[ɛˈtim]
tutor (m)	himayəçi	[himajæˈtʃi]
adotar (um filho)	oğulluğa götürmək	[oɣullⁱuˈɣa gøtyrˈmæk]
adotar (uma filha)	qızlığa götürmək	[gızlıˈɣa gøtyrˈmæk]

60. Amigos. Colegas de trabalho

amigo (m)	dost	[ˈdost]
amiga (f)	rəfiqə	[ræfiˈgæ]
amizade (f)	dostluq	[dostˈlⁱuh]
ser amigos	dostluq etmək	[dostˈlⁱuh ɛtˈmæk]

amigo (m)	dost	[ˈdost]
amiga (f)	rəfiqə	[ræfiˈgæ]
parceiro (m)	partnyor	[partˈnⁱor]

chefe (m)	rəis	[ræˈis]
superior (m)	müdir	[myˈdir]
subordinado (m)	tabelikdə olan	[tabɛlikˈdæ oˈlan]
colega (m)	peşə yoldaşı	[pɛˈʃæ joldaˈʃı]

| conhecido (m) | tanış | [taˈnıʃ] |
| companheiro (m) de viagem | yol yoldaşı | [ˈjol joldaˈʃı] |

colega (m) de classe	**sinif yoldaşı**	[si'nif jolda'ʃı]
vizinho (m)	**qonşu**	[gon'ʃu]
vizinha (f)	**qonşu**	[gon'ʃu]
vizinhos (pl)	**qonşular**	[gonʃu'lar]

CORPO HUMANO. MEDICINA

61. Cabeça

cabeça (f)	baş	['baʃ]
cara (f)	üz	['yz]
nariz (m)	burun	[bu'run]
boca (f)	ağız	[a'ɣız]
olho (m)	göz	['gøz]
olhos (m pl)	gözlər	[gøz'lær]
pupila (f)	göz bəbəyi	[gøz bæ'bæjı]
sobrancelha (f)	qaş	['gaʃ]
pestana (f)	kirpik	[kir'pik]
pálpebra (f)	göz qapağı	[gøz gapa'ɣı]
língua (f)	dil	['dil]
dente (m)	diş	['diʃ]
lábios (m pl)	dodaq	[do'dah]
maçãs (f pl) do rosto	almacıq sümüyü	[alma'ʤ'ıh symy'ju]
gengiva (f)	diş əti	['diʃ æ'ti]
paladar (m)	damağ	[da'maɣ]
narinas (f pl)	burun deşikləri	[bu'run dɛʃiklæ'ri]
queixo (m)	çənə	[ʧæ'næ]
mandíbula (f)	çənə	[ʧæ'næ]
bochecha (f)	yanaq	[ja'nah]
testa (f)	alın	[a'lın]
têmpora (f)	gicgah	[giʤʲ'gah]
orelha (f)	qulaq	[gu'lah]
nuca (f)	peysər	[pɛj'sær]
pescoço (m)	boyun	[bo'jun]
garganta (f)	boğaz	[bo'gaz]
cabelos (m pl)	saç	['saʧ]
penteado (m)	saç düzümü	['saʧ dyzy'my]
corte (m) de cabelo	saç vurdurma	['saʧ vurdur'ma]
peruca (f)	parik	[pa'rik]
bigode (m)	bığ	['bıɣ]
barba (f)	saqqal	[sak'kal]
usar, ter (~ barba, etc.)	qoymaq	[goj'mah]
trança (f)	hörük	[hø'ryk]
suíças (f pl)	bakenbard	[bakɛn'bard]
ruivo	kürən	[ky'ræn]
grisalho	saçı ağarmış	[sa'ʧı aɣar'mıʃ]
calvo	keçəl	[kɛ'ʧæl]
calva (f)	daz	['daz]

rabo-de-cavalo (m)	quyruq	[guj'ruh]
franja (f)	zülf	['zylʲf]

62. Corpo humano

mão (f)	əl	['æl]
braço (m)	qol	['gol]

dedo (m)	barmaq	[bar'mah]
polegar (m)	baş barmaq	['baʃ bar'mah]
dedo (m) mindinho	çeçələ barmaq	[tʃɛtʃæ'læ bar'mah]
unha (f)	dırnaq	[dır'nah]

punho (m)	yumruq	[jum'ruh]
palma (f) da mão	ovuc içi	[o'vudʒʲ i'tʃi]
pulso (m)	bilək	[bi'læk]
antebraço (m)	bazu önü	[ba'zı ø'ny]
cotovelo (m)	dirsək	[dir'sæk]
ombro (m)	çiyin	[tʃi'jın]

perna (f)	topuq	[to'puh]
pé (m)	pəncə	[pæn'dʒʲæ]
joelho (m)	diz	['diz]
barriga (f) da perna	baldır	[bal'dır]
anca (f)	omba	[om'ba]
calcanhar (m)	daban	[da'ban]

corpo (m)	bədən	[bæ'dæn]
barriga (f)	qarın	[ga'rın]
peito (m)	sinə	[si'næ]
seio (m)	döş	['døʃ]
lado (m)	böyür	[bø'jur]
costas (f pl)	kürək	[ky'ræk]
região (f) lombar	bel	['bɛl]
cintura (f)	bel	['bɛl]

umbigo (m)	göbək	[gø'bæk]
nádegas (f pl)	sağrı	[sa'ɣrı]
traseiro (m)	arxa	[ar'χa]

sinal (m)	xal	['χal]
tatuagem (f)	tatuirovka	[tatui'rovka]
cicatriz (f)	çapıq	[tʃa'pıh]

63. Doenças

doença (f)	xəstəlik	[χæstæ'lik]
estar doente	xəstə olmaq	[χæs'tæ ol'mah]
saúde (f)	sağlamlıq	[saɣlam'lıh]

nariz (m) a escorrer	zökəm	[zø'kæm]
amigdalite (f)	angina	[a'ngina]

constipação (f)	soyuqdeyme	[sojugdæj'mæ]
constipar-se (vr)	özünü soyuğa vermek	[øzy'ny soju'ɣa vɛr'mæk]
bronquite (f)	bronxit	[bron'χit]
pneumonia (f)	setelcem	[sætæl'dʒⁱæm]
gripe (f)	qrip	['grip]
míope	uzağı görmeyen	[uza'ɣɪ 'gørmæjæn]
presbita	uzağı yaxşı görən	[uza'ɣɪ jaχ'ʃɪ gø'ræn]
estrabismo (m)	çepgözlük	[tʃæpgøz'lyk]
estrábico	çepgöz	[tʃæp'gøz]
catarata (f)	katarakta	[kata'rakta]
glaucoma (m)	qlaukoma	[glau'koma]
AVC (m), apoplexia (f)	insult	[in'sulⁱt]
ataque (m) cardíaco	infarkt	[in'farkt]
enfarte (m) do miocárdio	miokard infarktı	[mio'kard infark'tɪ]
paralisia (f)	iflic	[if'lidʒⁱ]
paralisar (vt)	iflic olmaq	[if'lidʒⁱ ol'mah]
alergia (f)	allergiya	[allɛr'gija]
asma (f)	astma	['astma]
diabetes (f)	diabet	[dia'bɛt]
dor (f) de dentes	diş ağrısı	['diʃ aɣrɪ'sɪ]
cárie (f)	kariyes	['kariɛs]
diarreia (f)	diareya	[dia'rɛja]
prisão (f) de ventre	qebizlik	[gæbiz'lik]
desarranjo (m) intestinal	mede pozuntusu	[mæ'dæ pozuntu'su]
intoxicação (f) alimentar	zeherlenme	[zæhærlæn'mæ]
intoxicar-se	qidadan zeherlenmek	[gida'dan zæhærlæn'mæk]
artrite (f)	artrit	[art'rit]
raquitismo (m)	raxit	[ra'χit]
reumatismo (m)	revmatizm	[rɛvma'tizm]
arteriosclerose (f)	ateroskleroz	[atɛrosklɛ'roz]
gastrite (f)	qastrit	[gast'rit]
apendicite (f)	appendisit	[appɛndi'sit]
colecistite (f)	xolesistit	[χolɛsis'tit]
úlcera (f)	xora	[χo'ra]
sarampo (m)	qızılca	[gɪzɪl'dʒⁱa]
rubéola (f)	mexmerek	[mæχmæ'ræk]
iterícia (f)	sarılıq	[sarɪ'lɪh]
hepatite (f)	hepatit	[hɛpa'tit]
esquizofrenia (f)	şizofreniya	[ʃizofrɛ'nija]
raiva (f)	quduzluq	[guduz'ⁱuh]
neurose (f)	nevroz	[nɛv'roz]
comoção (f) cerebral	beyin sarsıntısı	[bɛ'jɪn sarsɪntɪ'sɪ]
cancro (m)	rak	['rak]
esclerose (f)	skleroz	[sklɛ'roz]
esclerose (f) múltipla	dağınıq skleroz	[daɣɪ'nɪh sklɛ'roz]

alcoolismo (m)	əyyaşlıq	[æjaʃ'lıh]
alcoólico (m)	əyyaş	[æ'jaʃ]
sífilis (f)	sifilis	['sifilis]
SIDA (f)	QİÇS	['gitʃs]

tumor (m)	şiş	['ʃiʃ]
maligno	bədxassəli	['bædχas'sæli]
benigno	xoşxassəli	[χoʃχas'sæli]

febre (f)	qızdırma	[gızdır'ma]
malária (f)	malyariya	[malʲa'rija]
gangrena (f)	qanqrena	[gang'rɛna]
enjoo (m)	dəniz xəstəliyi	[dæ'niz χæstæli'jı]
epilepsia (f)	epilepsiya	[ɛpi'lɛpsija]

epidemia (f)	epidemiya	[ɛpi'dɛmija]
tifo (m)	yatalaq	[jata'lah]
tuberculose (f)	vərəm	[væ'ræm]
cólera (f)	vəba	[væ'ba]
peste (f)	taun	[ta'un]

64. Simtomas. Tratamentos. Parte 1

sintoma (m)	əlamət	[æla'mæt]
temperatura (f)	qızdırma	[gızdır'ma]
febre (f)	yüksək qızdırma	[jyk'sæk gızdır'ma]
pulso (m)	nəbz	['næbz]

vertigem (f)	başgicəllənməsi	[baʃgidʒʲællænmæ'si]
quente (testa, etc.)	isti	[is'ti]
calafrio (m)	titrəmə	[titræ'mæ]
pálido	rəngi ağarmış	[ræ'ngi aɣar'mıʃ]

tosse (f)	öskürək	[øsky'ræk]
tossir (vi)	öskürmək	[øskyr'mæk]
espirrar (vi)	asqırmaq	[asgır'mah]
desmaio (m)	bihuşluq	[bihuʃ'lʲuh]
desmaiar (vi)	huşunu itirmək	['huʃunu itir'mæk]

nódoa (f) negra	qançır	[gan'tʃır]
galo (m)	şiş	['ʃiʃ]
magoar-se (vr)	dəymək	[dæj'mæk]
pisadura (f)	zədələmə	[zædælæ'mæ]
aleijar-se (vr)	zədələnmək	[zædælæn'mæk]

coxear (vi)	axsamaq	[aχsa'mah]
deslocação (f)	burxulma	[burχul'ma]
deslocar (vt)	burxutmaq	[burχut'mah]
fratura (f)	sınıq	[sı'nıh]
fraturar (vt)	sındırmaq	[sındır'mah]

corte (m)	kəsik	[kæ'sik]
cortar-se (vr)	kəsmək	[kæs'mæk]
hemorragia (f)	qanaxma	[ganaχ'ma]

| queimadura (f) | yanıq | [ja'nıh] |
| queimar-se (vr) | yanmaq | [jan'mah] |

picar (vt)	batırmaq	[batır'mah]
picar-se (vr)	batırmaq	[batır'mah]
lesionar (vt)	zədələmək	[zædælæ'mæk]
lesão (m)	zədə	[zæ'dæ]
ferida (f), ferimento (m)	yara	[ja'ra]
trauma (m)	travma	['travma]

delirar (vi)	sayıqlamaq	[sajıgla'mah]
gaguejar (vi)	kəkələmək	[kækælæ'mæk]
insolação (f)	gün vurması	['gyn vurma'sı]

65. Simtomas. Tratamentos. Parte 2

| dor (f) | ağrı | [a'ɣrı] |
| farpa (no dedo) | tikan | [ti'kan] |

suor (m)	tər	['tær]
suar (vi)	tərləmək	[tærlæ'mæk]
vómito (m)	qusma	[gus'ma]
convulsões (f pl)	qıc	['gıʤʲ]

grávida	hamilə	[hami'læ]
nascer (vi)	anadan olmaq	[ana'dan ol'mah]
parto (m)	doğuş	[do'ɣuʃ]
dar à luz	doğmaq	[do'ɣmah]
aborto (m)	uşaq saldırma	[u'ʃah saldır'ma]

respiração (f)	tənəffüs	[tænæf'fys]
inspiração (f)	nəfəs alma	[næ'fæs al'ma]
expiração (f)	nəfəs vermə	[næ'fæs vɛr'mæ]
expirar (vi)	nəfəs vermək	[næ'fæs vɛr'mæk]
inspirar (vi)	nəfəs almaq	[næ'fæs al'mah]

inválido (m)	əlil	[æ'lil]
aleijado (m)	şikəst	[ʃi'kæst]
toxicodependente (m)	narkoman	[narko'man]

surdo	kar	['kar]
mudo	lal	['lal]
surdo-mudo	lal-kar	['lal 'kar]

louco (adj.)	dəli	[dæ'li]
louco (m)	dəli	[dæ'li]
louca (f)	dəli	[dæ'li]
ficar louco	dəli olmaq	[dæ'li ol'mah]

gene (m)	gen	['gɛn]
imunidade (f)	immunitet	[immuni'tɛt]
hereditário	irsi	[ir'si]
congénito	anadangəlmə	[anadangæl'mæ]
vírus (m)	virus	['virus]

micróbio (m)	mikrob	[mik'rop]
bactéria (f)	bakteriya	[bak'tɛrija]
infeção (f)	infeksiya	[in'fɛksija]

66. Simtomas. Tratamentos. Parte 3

| hospital (m) | xəstəxana | [χæstæχa'na] |
| paciente (m) | pasiyent | [pasi'ɛnt] |

diagnóstico (m)	diaqnoz	[di'agnoz]
cura (f)	müalicə	[myali'dʒ'æ]
curar-se (vr)	müalicə olunmaq	[myali'dʒ'æ olʲun'mah]
tratar (vt)	müalicə etmək	[myali'dʒ'æ ɛt'mæk]
cuidar (pessoa)	xəstəyə qulluq etmək	[χæstæ'jæ gul'lʲuh ɛt'mæk]
cuidados (m pl)	xəstəyə qulluq	[χæstæ'jæ gul'lʲuh]

operação (f)	əməliyyat	[æmæli'at]
enfaixar (vt)	sarğı bağlamaq	[sar'ɣɪ bayla'mah]
ligadura (f)	sarğı	[sar'ɣɪ]

vacinação (f)	peyvənd	[pɛj'vænd]
vacinar (vt)	peyvənd etmək	[pɛj'vænd æt'mæk]
injeção (f)	iynə	[ij'næ]
dar uma injeção	iynə vurmaq	[ij'næ vur'mah]

amputação (f)	amputasiya	[ampu'tasija]
amputar (vt)	amputasiya etmək	[ampu'tasija ɛt'mæk]
coma (f)	koma	['koma]
estar em coma	komaya düşmək	['komaja dyʃ'mæk]
reanimação (f)	reanimasiya	[rɛani'masija]

recuperar-se (vr)	sağalmaq	[sayal'mah]
estado (~ de saúde)	vəziyyət	[væzi'æt]
consciência (f)	huş	['huʃ]
memória (f)	yaddaş	[jad'daʃ]

tirar (vt)	çəkdirmək	[tʃækdir'mæk]
chumbo (m), obturação (f)	plomb	['plomp]
chumbar, obturar (vt)	plomblamaq	[plombla'mah]

| hipnose (f) | hipnoz | [hip'noz] |
| hipnotizar (vt) | hipnoz etmək | [hip'noz ɛt'mæk] |

67. Medicina. Drogas. Acessórios

medicamento (m)	dərman	[dær'man]
remédio (m)	dava	[da'va]
receitar (vt)	yazmaq	[jaz'mah]
receita (f)	resept	[rɛ'sɛpt]

| comprimido (m) | həb | ['hæp] |
| pomada (f) | məlhəm | [mæl'hæm] |

ampola (f)	**ampula**	['ampula]
preparado (m)	**mikstura**	[miks'tura]
xarope (m)	**sirop**	[si'rop]
cápsula (f)	**həb**	['hæp]
remédio (m) em pó	**toz dərman**	['toz dær'man]
ligadura (f)	**bint**	['bint]
algodão (m)	**pambıq**	[pam'bıh]
iodo (m)	**yod**	['jod]
penso (m) rápido	**yapışan məlhəm**	[japı'ʃan mæl'hæm]
conta-gotas (f)	**damcıtökən**	[damdʒʲıtø'kæn]
termómetro (m)	**termometr**	[tɛr'momɛtr]
seringa (f)	**şpris**	['ʃpris]
cadeira (f) de rodas	**əlil arabası**	[æ'lil araba'sı]
muletas (f pl)	**qoltuqağacı**	[goltuɣa'dʒʲı]
analgésico (m)	**ağrıkəsici**	[aɣrıkæsi'dʒʲi]
laxante (m)	**işlətmə dərmanı**	[iʃlæt'mæ dærma'nı]
álcool (m) etílico	**spirt**	['spirt]
ervas (f pl) medicinais	**bitki**	[bit'ki]
de ervas (chá ~)	**bitki**	[bit'ki]

APARTAMENTO

68. Apartamento

apartamento (m)	mənzil	[mæn'zil]
quarto (m)	otaq	[o'tah]
quarto (m) de dormir	yataq otağı	[ja'tah ota'ɣı]
sala (f) de jantar	yemək otağı	[ɛ'mæk ota'ɣı]
sala (f) de estar	qonaq otağı	[go'nah ota'ɣı]
escritório (m)	iş otağı	['iʃ ota'ɣı]
antessala (f)	dəhliz	[dæh'liz]
quarto (m) de banho	vanna otağı	[van'na ota'ɣı]
toilette (lavabo)	tualet	[tua'lɛt]
teto (m)	tavan	[ta'van]
chão, soalho (m)	döşəmə	[døʃæ'mæ]
canto (m)	künc	['kyndʒ]

69. Mobiliário. Interior

mobiliário (m)	mebel	['mɛbɛl]
mesa (f)	masa	[ma'sa]
cadeira (f)	stul	['stul]
cama (f)	çarpayı	[tʃarpa'jı]
divã (m)	divan	[di'van]
cadeirão (m)	kreslo	['krɛslo]
estante (f)	kitab şkafı	[ki'tap ʃka'fı]
prateleira (f)	kitab rəfi	[ki'tap ræ'fi]
guarda-vestidos (m)	paltar üçün şkaf	[pal'tar ju'tʃun ʃ'kaf]
cabide (m) de parede	paltarasan	[paltara'san]
cabide (m) de pé	dik paltarasan	['dik paltara'san]
cómoda (f)	kamod	[ka'mod]
mesinha (f) de centro	jurnal masası	[ʒur'nal masa'sı]
espelho (m)	güzgü	[gyz'gy]
tapete (m)	xalı	[χa'lı]
tapete (m) pequeno	xalça	[χal'tʃa]
lareira (f)	kamin	[ka'min]
vela (f)	şam	['ʃam]
castiçal (m)	şamdan	[ʃam'dan]
cortinas (f pl)	pərdə	[pær'dæ]
papel (m) de parede	divar kağızı	[di'var kʲaɣı'zı]

estores (f pl)	jalyuzi	[ʒalʲu'zi]
candeeiro (m) de mesa	stol lampası	['stol lamp'sı]
candeeiro (m) de parede	çıraq	[ʧı'rah]
candeeiro (m) de pé	torşer	[tor'ʃɛr]
lustre (m)	çilçıraq	[ʧilʧı'rah]

perna (da cadeira, etc.)	ayaq	[a'jah]
braço (m)	qoltuqaltı	[goltuɣal'tı]
costas (f pl)	söykənəcək	['søjkænæ'ʤʲæk]
gaveta (f)	siyirtmə	[sijırt'mæ]

70. Quarto de dormir

roupa (f) de cama	yataq dəyişəyi	[ja'tah dæiʃæ'jı]
almofada (f)	yastıq	[jas'tıh]
fronha (f)	yastıqüzü	[jastıgy'zy]
cobertor (m)	yorğan	[jor'ɣan]
lençol (m)	mələfə	[mælæ'fæ]
colcha (f)	örtük	[ør'tyk]

71. Cozinha

cozinha (f)	mətbəx	[mæt'bæχ]
gás (m)	qaz	['gaz]
fogão (m) a gás	qaz plitəsi	['gaz plitæ'si]
fogão (m) elétrico	elektrik plitəsi	[ɛlɛkt'rik plitæ'si]
forno (m)	duxovka	[duχov'ka]
forno (m) de micro-ondas	mikrodalğalı soba	[mikrodalɣa'lı so'ba]

frigorífico (m)	soyuducu	[sojudu'ʤy]
congelador (m)	dondurucu kamera	[donduru'ʤy 'kamɛra]
máquina (f) de lavar louça	qabyuyan maşın	[gaby'jan ma'ʃın]

moedor (m) de carne	ət çəkən maşın	['æt ʧæ'kæn ma'ʃın]
espremedor (m)	şirəçəkən maşın	[ʃiræʧæ'kæn ma'ʃın]
torradeira (f)	toster	['tostɛr]
batedeira (f)	mikser	['miksɛr]

máquina (f) de café	qəhvə hazırlayan maşın	[gæh'væ hazırla'jan ma'ʃın]
cafeteira (f)	qəhvədan	[gæhvæ'dan]
moinho (m) de café	qəhvə üyüdən maşın	[gæh'væ yjy'dæn ma'ʃın]

chaleira (f)	çaydan	[ʧaj'dan]
bule (m)	dəm çaydanı	['dæm ʧajda'nı]
tampa (f)	qapaq	[ga'pah]
coador (f) de chá	kiçik ələk	[ki'ʧik æ'læk]

colher (f)	qaşıq	[ga'ʃıh]
colher (f) de chá	çay qaşığı	['ʧaj gaʃı'ɣı]
colher (f) de sopa	xörək qaşığı	[χø'ræk gaʃı'ɣı]
garfo (m)	çəngəl	[ʧæ'ngæl]
faca (f)	bıçaq	[bı'ʧah]

louça (f)	qab-qacaq	['gap ga'dʒ'ah]
prato (m)	boşqab	[boʃ'gap]
pires (m)	nəlbəki	[nælbæ'ki]
cálice (m)	qədəh	[gæ'dæh]
copo (m)	stəkan	[stæ'kan]
chávena (f)	fincan	[fin'dʒ'an]
açucareiro (m)	qənd qabı	['gænd ga'bı]
saleiro (m)	duz qabı	['duz ga'bı]
pimenteiro (m)	istiot qabı	[isti'ot ga'bı]
manteigueira (f)	yağ qabı	['jaɣ ga'bı]
panela, caçarola (f)	qazan	[ga'zan]
frigideira (f)	tava	[ta'va]
concha (f)	çömçə	[tʃœm'tʃæ]
passador (m)	aşsüzən	[aʃsy'zæn]
bandeja (f)	məcməyi	[mædʒ'mæ'jı]
garrafa (f)	şüşə	[ʃy'ʃæ]
boião (m) de vidro	şüşə banka	[ʃy'ʃæ ban'ka]
lata (f)	banka	[ban'ka]
abre-garrafas (m)	açan	[a'tʃan]
abre-latas (m)	konserv ağzı açan	[kon'sɛrv a'ɣzı a'tʃan]
saca-rolhas (m)	burğu	[bur'ɣu]
filtro (m)	süzgəc	[syz'gædʒ']
filtrar (vt)	süzgəcdən keçirmək	[syzgædʒ'dæn kɛtʃir'mæk]
lixo (m)	zibil	[zi'bil]
balde (m) do lixo	zibil vedrəsi	[zi'bil vɛdræ'si]

72. Casa de banho

quarto (m) de banho	vanna otağı	[van'na ota'ɣı]
água (f)	su	['su]
torneira (f)	kran	['kran]
água (f) quente	isti su	[is'ti 'su]
água (f) fria	soyuq su	[so'juh 'su]
pasta (f) de dentes	diş məcunu	['diʃ mædʒy'nu]
escovar os dentes	dişləri fırçalamaq	[diʃlæ'ri fırtʃala'mah]
barbear-se (vr)	üzünü qırxmaq	[yzy'ny gırx'mah]
espuma (f) de barbear	üz qırxmaq üçün köpük	['juz gırx'mah ju'tʃun kø'pyk]
máquina (f) de barbear	ülgüc	[ylⁱ'gydʒ']
lavar (vt)	yumaq	[ju'mah]
lavar-se (vr)	yuyunmaq	[jujun'mah]
duche (m)	duş	['duʃ]
tomar um duche	duş qəbul etmək	['duʃ gæ'bul ɛt'mæk]
banheira (f)	vanna	[van'na]
sanita (f)	unitaz	[uni'taz]

lavatório (m)	su çanağı	['su tʃana'ɣɪ]
sabonete (m)	sabun	[sa'bun]
saboneteira (f)	sabun qabı	[sa'bun ga'bɪ]

esponja (f)	hamam süngəri	[ha'mam syngæ'ri]
champô (m)	şampun	[ʃam'pun]
toalha (f)	dəsmal	[dæs'mal]
roupão (m) de banho	hamam xələti	[ha'mam χælæ'ti]

lavagem (f)	paltarın yuyulması	[palta'rɪn yjulma'sɪ]
máquina (f) de lavar	paltaryuyan maşın	[paltary'jan ma'ʃɪn]
lavar a roupa	paltar yumaq	[pal'tar ju'mah]
detergente (m)	yuyucu toz	[juju'ʤy 'toz]

73. Eletrodomésticos

televisor (m)	televizor	[tɛlɛ'vizor]
gravador (m)	maqnitofon	[magnito'fon]
videogravador (m)	videomaqnitofon	[vidɛomagnito'fon]
rádio (m)	qəbuledici	[gæbulɛdi'ʤi]
leitor (m)	pleyer	['plɛjɛr]

projetor (m)	video proyektor	[vidɛo pro'ɛktor]
cinema (m) em casa	ev kinoteatrı	['æv kinotɛat'rɪ]
leitor (m) de DVD	DVD maqnitofonu	[divi'di magnitofo'nu]
amplificador (m)	səs gücləndiricisi	['sæs gyʤ'lændiridʒi'si]
console (f) de jogos	oyun ələvəsi	[o'jun ælavæ'si]

câmara (f) de vídeo	videokamera	[vidɛo'kamɛra]
máquina (f) fotográfica	fotoaparat	[fotoapa'rat]
câmara (f) digital	rəqəm fotoaparatı	[ræ'gæm fotoapara'tɪ]

aspirador (m)	tozsoran	[tozso'ran]
ferro (m) de engomar	ütü	[y'ty]
tábua (f) de engomar	ütü taxtası	[y'ty taχta'sɪ]

telefone (m)	telefon	[tɛlɛ'fon]
telemóvel (m)	mobil telefon	[mo'bil tɛlɛ'fon]
máquina (f) de escrever	yazı maşını	[ja'zɪ maʃɪ'nɪ]
máquina (f) de costura	tikiş maşını	[ti'kiʃ maʃɪ'nɪ]

microfone (m)	mikrofon	[mikro'fon]
auscultadores (m pl)	qulaqlıqlar	[gulaglɪg'lar]
controlo remoto (m)	pult	['pult]

CD (m)	SD diski	[si'di dis'ki]
cassete (f)	kasset	[kas'sɛt]
disco (m) de vinil	val	['val]

A TERRA. TEMPO

74. Espaço sideral

cosmos (m)	kosmos	['kosmos]
cósmico	kosmik	[kos'mik]
espaço (m) cósmico	kosmik fəza	[kos'mik fæ'za]

mundo (m)	dünya	[dy'nja]
universo (m)	kainat	[kai'nat]
galáxia (f)	qalaktika	[ga'laktika]

estrela (f)	ulduz	[ul'duz]
constelação (f)	bürc	['byrdʒi]
planeta (m)	planet	[pla'nɛt]
satélite (m)	peyk	['pɛjk]

meteorito (m)	meteorit	[mɛtɛo'rit]
cometa (m)	kometa	[ko'mɛta]
asteroide (m)	asteroid	[astɛ'roid]

órbita (f)	orbita	[or'bita]
girar (vi)	fırlanmaq	[fırlan'mah]
atmosfera (f)	atmosfer	[atmos'fɛr]

Sol (m)	Günəş	[gy'næʃ]
Sistema (m) Solar	Günəş sistemi	[gy'næʃ sistɛ'mi]
eclipse (m) solar	günəşin tutulması	[gynæ'ʃin tutulma'sı]

| Terra (f) | Yer | ['ɛr] |
| Lua (f) | Ay | ['aj] |

Marte (m)	Mars	['mars]
Vénus (m)	Venera	[vɛ'nɛra]
Júpiter (m)	Yupiter	[ju'pitɛr]
Saturno (m)	Saturn	[sa'turn]

Mercúrio (m)	Merkuri	[mɛr'kurij]
Urano (m)	Uran	[u'ran]
Neptuno (m)	Neptun	[nɛp'tun]
Plutão (m)	Pluton	[plʲu'ton]

Via Láctea (f)	Ağ Yol	['aɣ 'jol]
Ursa Maior (f)	Böyük ayı bürcü	[bø'juk a'jı byr'dʒy]
Estrela Polar (f)	Qütb ulduzu	['gytp uldu'zu]

marciano (m)	marslı	[mars'lı]
extraterrestre (m)	başqa planetdən gələn	[baʃga planɛt'dæn gæ'læn]
alienígena (m)	gəlmə	[gæl'mæ]
disco (m) voador	uçan boşqab	[u'tʃan boʃ'gap]

nave (f) espacial	kosmik gəmi	[kos'mik gæ'mi]
estação (f) orbital	orbital stansiya	[orbi'tal 'stansija]
lançamento (m)	start	['start]
motor (m)	mühərrik	[myhær'rik]
bocal (m)	ucluq	[udʒ'l'uh]
combustível (m)	yanacaq	[jana'dʒ'ah]
cabine (f)	kabina	[ka'bina]
antena (f)	antenna	[an'tɛnna]
vigia (f)	illüminator	[illymi'nator]
bateria (f) solar	günəş batareyası	[gy'næʃ bata'rɛjası]
traje (m) espacial	skafandr	[ska'fandr]
imponderabilidade (f)	çəkisizlik	[tʃækisiz'lik]
oxigénio (m)	oksigen	[oksi'gɛn]
acoplagem (f)	uc-uca calama	['udʒ' u'dʒ'a dʒ'ala'ma]
fazer uma acoplagem	uc-uca calamaq	['udʒ' u'dʒ'a dʒ'ala'mah]
observatório (m)	observatoriya	[obsɛrva'torija]
telescópio (m)	teleskop	[tɛlɛs'kop]
observar (vt)	müşaidə etmək	[myʃai'dæ ɛt'mæk]
explorar (vt)	araşdırmaq	[araʃdır'mah]

75. A Terra

Terra (f)	Yer	['ɛr]
globo terrestre (Terra)	yer kürəsi	['ɛr kyræ'si]
planeta (m)	planet	[pla'nɛt]
atmosfera (f)	atmosfer	[atmos'fɛr]
geografia (f)	coğrafiya	[dʒ'o'ɣrafija]
natureza (f)	təbiət	[tæbi'æt]
globo (mapa esférico)	qlobus	['globus]
mapa (m)	xəritə	[xæri'tæ]
atlas (m)	atlas	['atlas]
Europa (f)	Avropa	[av'ropa]
Ásia (f)	Asiya	['asija]
África (f)	Afrika	['afrika]
Austrália (f)	Avstraliya	[av'stralija]
América (f)	Amerika	[a'mɛrika]
América (f) do Norte	Şimali Amerika	[ʃima'li a'mɛrika]
América (f) do Sul	Cənubi Amerika	[dʒ'ænu'bi a'mɛrika]
Antártida (f)	Antarktida	[antark'tida]
Ártico (m)	Arktika	['arktika]

76. Pontos cardeais

norte (m)	şimal	[ʃi'mal]
para norte	şimala	[ʃima'la]
no norte	şimalda	[ʃimal'da]
do norte	şimali	[ʃima'li]
sul (m)	cənub	[dʒⁱæ'nup]
para sul	cənuba	[dʒⁱænu'ba]
no sul	cənubda	[dʒⁱænub'da]
do sul	cənubi	[dʒⁱænu'bi]
oeste, ocidente (m)	qərb	['gærp]
para oeste	qərbə	[gær'bæ]
no oeste	qərbdə	[gærb'dæ]
ocidental	qərb	['gærp]
leste, oriente (m)	şərq	['ʃærh]
para leste	şərqə	[ʃær'gæ]
no leste	şərqdə	[ʃærg'dæ]
oriental	şərq	['ʃærh]

77. Mar. Oceano

mar (m)	dəniz	[dæ'niz]
oceano (m)	okean	[okɛ'an]
golfo (m)	körfəz	[kør'fæz]
estreito (m)	boğaz	[bo'gaz]
terra (f) firme	quru	[gu'ru]
continente (m)	materik	[matɕ'rik]
ilha (f)	ada	[a'da]
península (f)	yarımada	[jarıma'da]
arquipélago (m)	arxipelaq	[arχipɛ'lah]
baía (f)	buxta	['buχta]
porto (m)	liman	[li'man]
lagoa (f)	laquna	[la'guna]
cabo (m)	burun	[bu'run]
atol (m)	mərcan adası	[mær'dʒⁱan ada'sı]
recife (m)	rif	['rif]
coral (m)	mərcan	[mær'dʒⁱan]
recife (m) de coral	mərcan rifi	[mær'dʒⁱan ri'fi]
profundo	dərin	[dæ'rin]
profundidade (f)	dərinlik	[dærin'lik]
abismo (m)	dərinlik	[dærin'lik]
fossa (f) oceânica	çuxur	[tʃu'χur]
corrente (f)	axın	[a'χın]
banhar (vt)	əhatə etmək	[æha'tæ ɛt'mæk]
litoral (m)	sahil	[sa'hil]

costa (f)	sahilboyu	[sahilbo'ju]
maré (f) alta	yükselme	[jyksæl'mæ]
maré (f) baixa	çekilme	[ʧækil'mæ]
restinga (f)	dayaz yer	[da'jaz 'ɛr]
fundo (m)	dib	['dip]

onda (f)	dalğa	[dal'ɣa]
crista (f) da onda	lepe beli	[læ'pæ bɛ'li]
espuma (f)	köpük	[kø'pyk]

tempestade (f)	fırtına	[fɪrtɪ'na]
furacão (m)	qasırğa	[gasɪr'ɣa]
tsunami (m)	tsunami	[ʦu'nami]
calmaria (f)	tam sakitlik	['tam sakit'lik]
calmo	sakit	[sa'kit]

| polo (m) | polyus | ['polʲus] |
| polar | qütbi | [gyt'bi] |

latitude (f)	en dairesi	['ɛn dairæ'si]
longitude (f)	uzunluq dairesi	[uzun'lʲuh dairæ'si]
paralela (f)	paralel	[para'lɛl]
equador (m)	ekvator	[ɛk'vator]

céu (m)	sema	[sæ'ma]
horizonte (m)	üfüq	[y'fyh]
ar (m)	hava	[ha'va]

farol (m)	mayak	[ma'jak]
mergulhar (vi)	dalmaq	[dal'mah]
afundar-se (vr)	batmaq	[bat'mah]
tesouros (m pl)	xezine	[χæzi'næ]

78. Nomes de Mares e Oceanos

Oceano (m) Atlântico	Atlantik okean	[atlan'tik okɛ'an]
Oceano (m) Índico	Hind okeanı	['hind okɛa'nı]
Oceano (m) Pacífico	Sakit okean	[sa'kit okɛ'an]
Oceano (m) Ártico	Şimal buzlu okeanı	[ʃi'mal buz'lʲu okɛ'an]

Mar (m) Negro	Qara deniz	[ga'ra dæ'niz]
Mar (m) Vermelho	Qırmızı deniz	[gırmı'zı dæ'niz]
Mar (m) Amarelo	Sarı deniz	[sa'rı dæ'niz]
Mar (m) Branco	Ağ deniz	['aɣ dæ'niz]

Mar (m) Cáspio	Xezer denizi	[χæ'zær dæni'zi]
Mar (m) Morto	Ölü denizi	[ø'ly dæni'zi]
Mar (m) Mediterrâneo	Aralıq denizi	[ara'lıh dæni'zi]

| Mar (m) Egeu | Egey denizi | [æ'gɛj dæni'zi] |
| Mar (m) Adriático | Adriatik denizi | [adria'tik dæni'zi] |

| Mar (m) Arábico | Ereb denizi | [æ'ræp dæni'zi] |
| Mar (m) do Japão | Yapon denizi | [ja'pon dæni'zi] |

| Mar (m) de Bering | Berinq dənizi | ['bɛrinh dæni'zi] |
| Mar (m) da China Meridional | Cənubi Çin dənizi | [dʒʲænu'bi 'tʃin dæni'zi] |

Mar (m) de Coral	Mərcan dənizi	[mær'dʒʲan dæni'zi]
Mar (m) de Tasman	Tasman dənizi	[tas'man dæni'zi]
Mar (m) do Caribe	Karib dənizi	[ka'rip dæni'zi]

| Mar (m) de Barents | Barens dənizi | ['barɛns dæni'zi] |
| Mar (m) de Kara | Kars dənizi | ['kars dæni'zi] |

Mar (m) do Norte	Şimal dənizi	[ʃi'mal dæni'zi]
Mar (m) Báltico	Baltik dənizi	[bal'tik dæni'zi]
Mar (m) da Noruega	Norveç dənizi	[nor'vɛtʃ dæni'zi]

79. Montanhas

montanha (f)	dağ	['daɣ]
cordilheira (f)	dağ silsiləsi	['daɣ silsilæ'si]
serra (f)	sıra dağlar	[sı'ra da'ɣlar]

cume (m)	baş	['baʃ]
pico (m)	zirvə	[zir'væ]
sopé (m)	ətək	[æ'tæk]
declive (m)	yamac	[ja'madʒʲ]

vulcão (m)	yanardağ	[janar'daɣ]
vulcão (m) ativo	fəal yanardağ	[fæ'al janar'daɣ]
vulcão (m) extinto	sönmüş yanardağ	[søn'myʃ janar'daɣ]

erupção (f)	püskürmə	[pyskyr'mæ]
cratera (f)	yanardağ ağzı	[janar'daɣ a'ɣzı]
magma (m)	maqma	['magma]
lava (f)	lava	['lava]
fundido (lava ~a)	qızmar	[gız'mar]

desfiladeiro (m)	kanyon	[ka'njon]
garganta (f)	dərə	[dæ'ræ]
fenda (f)	dar dərə	['dar dæ'ræ]

passo, colo (m)	dağ keçidi	['daɣ kɛtʃi'di]
planalto (m)	plato	['plato]
falésia (f)	qaya	[ga'ja]
colina (f)	təpə	[tæ'pæ]

glaciar (m)	buzlaq	[buz'lah]
queda (f) d'água	şəlalə	[ʃæla'læ]
géiser (m)	qeyzer	['gɛjzɛr]
lago (m)	göl	['gølʲ]

planície (f)	düzən	[dy'zæn]
paisagem (f)	mənzərə	[mænzæ'ræ]
eco (m)	əks-səda	['æks sæ'da]
alpinista (m)	alpinist	[alpi'nist]
escalador (m)	qayalara dırmaşan idmançı	[gajala'ra dırma'ʃan idman'tʃı]

conquistar (vt)	fəth etmək	['fæth ɛt'mæk]
subida, escalada (f)	dırmaşma	[dɪrmaʃ'ma]

80. Nomes de montanhas

Alpes (m pl)	Alp dağları	['alp daɣla'rı]
monte Branco (m)	Monblan	[mon'blan]
Pirineus (m pl)	Pireney	[pirɛ'nɛj]

Cárpatos (m pl)	Karpat	[kar'pat]
montes (m pl) Urais	Ural dağları	[u'ral daɣla'rı]
Cáucaso (m)	Qafqaz	[gaf'gaz]
Elbrus (m)	Elbrus	[ɛlb'rus]

Altai (m)	Altay	[al'taj]
Tian Shan (m)	Tyan-Şan	['tjan 'ʃan]
Pamir (m)	Pamir	[pa'mir]
Himalaias (m pl)	Himalay	[gima'laj]
monte (m) Everest	Everest	[ævɛ'rɛst]

Cordilheira (f) dos Andes	And dağları	['and daɣla'rı]
Kilimanjaro (m)	Kilimancaro	[kiliman'ʤaro]

81. Rios

rio (m)	çay	['ʧaj]
fonte, nascente (f)	çeşmə	[ʧɛʃ'mæ]
leito (m) do rio	çay yatağı	['ʧaj jata'ɣı]
bacia (f)	hovuz	[ho'vuz]
desaguar no ...	tökülmək	[tøkyl'mæk]

afluente (m)	axın	[a'χın]
margem (do rio)	sahil	[sa'hil]

corrente (f)	axın	[a'χın]
rio abaixo	axınla aşağıya doğru	[a'χınla aʃaɣı'ja do'ɣru]
rio acima	axınla yuxarıya doğru	[a'χınla juχarı'ja do'ɣru]

inundação (f)	daşqın	[daʃ'gın]
cheia (f)	sel	['sɛl]
transbordar (vi)	daşmaq	[daʃ'mah]
inundar (vt)	su basmaq	['su bas'mah]

baixio (m)	say	['saj]
rápidos (m pl)	kandar	[kan'dar]

barragem (f)	bənd	['bænd]
canal (m)	kanal	[ka'nal]
reservatório (m) de água	su anbarı	['su anba'rı]
eclusa (f)	şlyuz	['ʃljuz]
corpo (m) de água	nohur	[no'hur]
pântano (m)	bataqlıq	[batag'lıh]

| tremedal (m) | bataq | [ba'tah] |
| remoinho (m) | qıjov | [gɪ'ʒov] |

arroio, regato (m)	kiçik çay	[ki'ʧik 'ʧaj]
potável	içməli	[iʧmæ'li]
doce (água)	şirin	[ʃi'rin]

| gelo (m) | buz | ['buz] |
| congelar-se (vr) | donmaq | [don'mah] |

82. Nomes de rios

| rio Sena (m) | Sena | ['sɛna] |
| rio Loire (m) | Luara | [lʲu'ara] |

rio Tamisa (m)	Temza	['tɛmza]
rio Reno (m)	Reyn	['rɛjn]
rio Danúbio (m)	Dunay	[du'naj]

rio Volga (m)	Volqa	['volga]
rio Don (m)	Don	['don]
rio Lena (m)	Lena	['lɛna]

rio Amarelo (m)	Xuanxe	[χuan'χɛ]
rio Yangtzé (m)	Yanqdzı	[jang'dzɪ]
rio Mekong (m)	Mekonq	[mɛ'konh]
rio Ganges (m)	Qanq	['ganh]

rio Nilo (m)	Nil	['nil]
rio Congo (m)	Konqo	['kongo]
rio Cubango (m)	Okavanqo	[oka'vango]
rio Zambeze (m)	Zambezi	[zam'bɛzi]
rio Limpopo (m)	Limpopo	[limpo'po]
rio Mississípi (m)	Missisipi	[misi'sipi]

83. Floresta

| floresta (f), bosque (m) | meşə | [mɛ'ʃæ] |
| florestal | meşə | [mɛ'ʃæ] |

mata (f) cerrada	sıx meşəlik	['sɪχ mɛʃæ'lik]
arvoredo (m)	ağaclıq	[aɣadʒ'lıh]
clareira (f)	tala	[ta'la]

| matagal (f) | cəngəllik | [dʒʲængæl'lik] |
| mato (m) | kolluq | [kol'lʲuh] |

| vereda (f) | cığır | [dʒʲı'ɣır] |
| ravina (f) | yarğan | [jar'ɣan] |

| árvore (f) | ağac | [a'ɣadʒʲ] |
| folha (f) | yarpaq | [jar'pah] |

folhagem (f)	yarpaqlar	[jarpag'lar]
queda (f) das folha	yarpağın tökülməsi	[jarpa'ɣın tøkylmæ'si]
cair (vi)	tökülmək	[tøkyl'mæk]
topo (m)	baş	['baʃ]

ramo (m)	budaq	[bu'dah]
galho (m)	budaq	[bu'dah]
botão, rebento (m)	tumurcuq	[tumur'dʒyh]
agulha (f)	iynə	[ij'næ]
pinha (f)	qoza	[go'za]

buraco (m) de árvore	oyuq	[o'juh]
ninho (m)	yuva	[ju'va]
toca (f)	yuva	[ju'va]

tronco (m)	gövdə	[gøv'dæ]
raiz (f)	kök	['køk]
casca (f) de árvore	qabıq	[ga'bıh]
musgo (m)	mamır	[ma'mır]

arrancar pela raiz	kötük çıxarmaq	[kø'tyk tʃıxar'mah]
cortar (vt)	kəsmək	[kæs'mæk]
desflorestar (vt)	qırıb qurtarmaq	[gı'rıp gurtar'mah]
toco, cepo (m)	kötük	[kø'tyk]

fogueira (f)	tonqal	[ton'gal]
incêndio (m) florestal	yanğın	[jan'ɣın]
apagar (vt)	söndürmək	[søndyr'mæk]

guarda-florestal (m)	meşəbəyi	[mɛʃæbæ'jı]
proteção (f)	qoruma	[goru'ma]
proteger (a natureza)	mühafizə etmək	[myhafi'zæ ɛt'mæk]
caçador (m) furtivo	brakonyer	[brako'njɛr]
armadilha (f)	tələ	[tæ'læ]

| colher (cogumelos, bagas) | yığmaq | [jı'ɣmah] |
| perder-se (vr) | yolu azmaq | [jo'lʲu az'mah] |

84. Recursos naturais

recursos (m pl) naturais	təbii ehtiyatlar	[tæbi'i ɛhtijat'lar]
minerais (m pl)	yeraltı sərvətlər	[ɛral'tı særvæt'lær]
depósitos (m pl)	yataqlar	[jatag'lar]
jazida (f)	yataq	[ja'tah]

extrair (vt)	hasil etmək	[ha'sil ɛt'mæk]
extração (f)	hasilat	[hasi'lat]
minério (m)	filiz	[fi'liz]
mina (f)	mədən	[mæ'dæn]
poço (m) de mina	quyu	[gu'ju]
mineiro (m)	şaxtaçı	['ʃaxtatʃı]

| gás (m) | qaz | ['gaz] |
| gasoduto (m) | qaz borusu | ['gaz boru'su] |

petróleo (m)	neft	['nɛft]
oleoduto (m)	neft borusu	['nɛft boru'su]
poço (m) de petróleo	neft qülləsi	['nɛft gyllæ'si]
torre (f) petrolífera	neft buruğu	['nɛft buru'ɣu]
petroleiro (m)	tanker	['tankɛr]

areia (f)	qum	['gum]
calcário (m)	əhəngdaşı	[æhæŋgda'ʃɪ]
cascalho (m)	çınqıl	[ʧɪn'gɪl]
turfa (f)	torf	['torf]
argila (f)	gil	['gil]
carvão (m)	kömür	[kø'myr]

ferro (m)	dəmir	[dæ'mir]
ouro (m)	qızıl	[gɪ'zɪl]
prata (f)	gümüş	[gy'myʃ]
níquel (m)	nikel	['nikɛl]
cobre (m)	mis	['mis]

zinco (m)	sink	['sink]
manganês (m)	manqan	[man'gan]
mercúrio (m)	civə	[dʒi'væ]
chumbo (m)	qurğuşun	[gurɣu'ʃun]

mineral (m)	mineral	[minɛ'ral]
cristal (m)	kristal	[kris'tal]
mármore (m)	mərmər	[mær'mær]
urânio (m)	uran	[u'ran]

85. Tempo

tempo (m)	hava	[ha'va]
previsão (f) do tempo	hava proqnozu	[ha'va progno'zu]
temperatura (f)	temperatur	[tɛmpɛra'tur]
termómetro (m)	istilik ölçən	[isti'lik øl'ʧæn]
barómetro (m)	barometr	[ba'romɛtr]

humidade (f)	rütubət	[rytu'bæt]
calor (m)	çox isti hava	['ʧoχ is'ti ha'va]
cálido	çox isti	['ʧoχ is'ti]
está muito calor	çox istidir	['ʧoχ is'tidir]

| está calor | istidir | [is'tidir] |
| quente | isti | [is'ti] |

| está frio | soyuqdur | [so'jugdur] |
| frio | soyuq | [so'juh] |

sol (m)	günəş	[gy'næʃ]
brilhar (vi)	içıq saçmaq	[i'ʃih saʧ'mah]
de sol, ensolarado	günəşli	[gynæʃ'li]
nascer (vi)	çıxmaq	[ʧɪχ'mah]
pôr-se (vr)	batmaq	[bat'mah]
nuvem (f)	bulud	[bu'lʲud]

nublado	buludlu	[bulʲud'lʲu]
nuvem (f) preta	qara bulud	[ga'ra bu'lʲud]
escuro, cinzento	tutqun	[tut'gun]

chuva (f)	yağış	[ja'ɣıʃ]
está a chover	yağır	[ja'ɣır]
chuvoso	yağışlı	[jaɣıʃ'lı]
chuviscar (vi)	çiskinləmək	[tʃiskinlæ'mæk]

chuva (f) torrencial	şiddətli yağış	[ʃiddæt'li ja'ɣıʃ]
chuvada (f)	sel	['sɛl]
forte (chuva)	şiddətli	[ʃiddæt'li]
poça (f)	su gölməçəsi	['su gølmætʃæ'si]
molhar-se (vr)	islanmaq	[islan'mah]

nevoeiro (m)	duman	[du'man]
de nevoeiro	dumanlı	[duman'lı]
neve (f)	qar	['gar]
está a nevar	qar yağır	['gar ja'ɣır]

86. Tempo extremo. Catástrofes naturais

trovoada (f)	tufan	[tu'fan]
relâmpago (m)	şimşək	[ʃim'ʃæk]
relampejar (vi)	çaxmaq	[tʃax'mah]

trovão (m)	göy gurultusu	[gøj gyrultu'su]
trovejar (vi)	guruldamaq	[gurulda'mah]
está a trovejar	göy guruldayır	[gøj gyrulda'jır]

granizo (m)	dolu	[do'lʲu]
está a cair granizo	dolu yağır	[do'lʲu ja'ɣır]

inundar (vt)	su basmaq	['su bas'mah]
inundação (f)	daşqın	[daʃ'gın]

terremoto (m)	zəlzələ	[zælzæ'læ]
abalo, tremor (m)	təkan	[tæ'kan]
epicentro (m)	mərkəz	[mær'kæz]

erupção (f)	püskürmə	[pyskyr'mæ]
lava (f)	lava	['lava]

turbilhão (m)	burağan	[bura'ɣan]
tornado (m)	tornado	[tor'nado]
tufão (m)	şiddətli fırtına	[ʃiddæt'li fırtı'na]

furacão (m)	qasırğa	[gasır'ɣa]
tempestade (f)	fırtına	[fırtı'na]
tsunami (m)	tsunami	[tsu'nami]

ciclone (m)	siklon	[sik'lon]
mau tempo (m)	pis hava	['pis ha'va]
incêndio (m)	yanğın	[jan'ɣın]

| catástrofe (f) | fəlakət | [fæla'kæt] |
| meteorito (m) | meteorit | [mɛtɛo'rit] |

avalanche (f)	qar uçqunu	['gar uʧgu'nu]
deslizamento (f) de neve	qar uçqunu	['gar uʧgu'nu]
nevasca (f)	çovğun	[ʧov'ɣun]
tempestade (f) de neve	boran	[bo'ran]

FAUNA

87. Mamíferos. Predadores

predador (m)	yırtıcı	[jırtı'dʒʲı]
tigre (m)	pələng	[pæ'lænh]
leão (m)	şir	['ʃir]
lobo (m)	canavar	[dʒʲana'var]
raposa (f)	tülkü	[tyl'ky]
jaguar (m)	yaquar	[jagu'ar]
leopardo (m)	leopard	[lɛo'pard]
chita (f)	gepard	[gɛ'pard]
pantera (f)	panter	[pan'tɛr]
puma (m)	puma	['puma]
leopardo-das-neves (m)	qar bəbiri	['gar bæbi'ri]
lince (m)	vaşaq	[va'ʃah]
coiote (m)	koyot	[ko'jot]
chacal (m)	çaqqal	[tʃak'kal]
hiena (f)	kaftar	[kʲaf'tar]

88. Animais selvagens

animal (m)	heyvan	[hɛj'van]
besta (f)	vəhşi heyvan	[væh'ʃi hɛj'van]
esquilo (m)	sincab	[sin'dʒʲap]
ouriço (m)	kirpi	[kir'pi]
lebre (f)	dovşan	[dov'ʃan]
coelho (m)	ev dovşanı	['ɛv dovʃa'nı]
texugo (m)	porsuq	[por'suh]
guaxinim (m)	yenot	[ɛ'not]
hamster (m)	dağsiçanı	['daɣsitʃanı]
marmota (f)	marmot	[mar'mot]
toupeira (f)	köstəbək	[køstæ'bæk]
rato (m)	siçan	[si'tʃan]
ratazana (f)	siçovul	[sitʃo'vul]
morcego (m)	yarasa	[jara'sa]
arminho (m)	sincab	[sin'dʒʲap]
zibelina (f)	samur	[sa'mur]
marta (f)	dələ	[dæ'læ]
doninha (f)	gəlincik	[gɛlin'dʒʲik]
vison (m)	su samuru	['su samu'ru]

castor (m)	qunduz	[gun'duz]
lontra (f)	susamuru	[susamu'ru]

cavalo (m)	at	['at]
alce (m) americano	sığın	[sɪ'ɣɪn]
veado (m)	maral	[ma'ral]
camelo (m)	dəvə	[dæ'væ]

bisão (m)	bizon	[bi'zon]
auroque (m)	zubr	['zubr]
búfalo (m)	camış	[dʒ'a'mɪʃ]

zebra (f)	zebra	['zɛbra]
antílope (m)	antilop	[anti'lop]
corça (f)	cüyür	[dʒy'jur]
gamo (m)	xallı maral	[χal'lɪ ma'ral]
camurça (f)	dağ keçisi	['daɣ kɛtʃi'si]
javali (m)	qaban	[ga'ban]

baleia (f)	balina	[ba'lina]
foca (f)	suiti	[sui'ti]
morsa (f)	morj	['morʒ]
urso-marinho (m)	dəniz pişiyi	[dæ'niz piʃi'jɪ]
golfinho (m)	delfin	[dɛl'fin]

urso (m)	ayı	[a'jɪ]
urso (m) branco	ağ ayı	['aɣ a'jɪ]
panda (m)	panda	['panda]

macaco (em geral)	meymun	[mɛj'mun]
chimpanzé (m)	şimpanze	[ʃimpan'zɛ]
orangotango (m)	oranqutan	[orangu'tan]
gorila (m)	qorilla	[go'rilla]
macaco (m)	makaka	[ma'kaka]
gibão (m)	gibbon	[gib'bon]

elefante (m)	fil	['fil]
rinoceronte (m)	kərgədən	[kærgæ'dan]
girafa (f)	zürafə	[zyra'fæ]
hipopótamo (m)	begemot	[bɛgɛ'mot]

canguru (m)	kenquru	[kɛngu'ru]
coala (m)	koala	[ko'ala]

mangusto (m)	manqust	[man'gust]
chinchila (f)	şinşilla	[ʃin'ʃila]
doninha-fedorenta (f)	skuns	['skuns]
porco-espinho (m)	oxlu kirpi	[oχ'lʲu kir'pi]

89. Animais domésticos

gata (f)	pişik	[pi'ʃik]
gato (m) macho	pişik	[pi'ʃik]
cão (m)	it	['it]

cavalo (m)	at	['at]
garanhão (m)	ayğır	[aj'ɣır]
égua (f)	madyan	[ma'djan]

vaca (f)	inək	[i'næk]
touro (m)	buğa	[bu'ɣa]
boi (m)	öküz	[ø'kyz]

ovelha (f)	qoyun	[go'jun]
carneiro (m)	qoyun	[go'jun]
cabra (f)	keçi	[kɛ'ʧi]
bode (m)	erkək keçi	[ɛr'kæk kɛ'ʧi]

| burro (m) | eşşək | [ɛ'ʃæk] |
| mula (f) | qatır | [ga'tır] |

porco (m)	donuz	[do'nuz]
porquinho (m)	çoşka	[ʧoʃ'ka]
coelho (m)	ev dovşanı	['ɛv dovʃa'nı]

| galinha (f) | toyuq | [to'juh] |
| galo (m) | xoruz | [ɣo'ruz] |

pato (m), pata (f)	ördək	[ør'dæk]
pato (macho)	yaşılbaş	[jaʃıl'baʃ]
ganso (m)	qaz	['gaz]

| peru (m) | hind xoruzu | ['hind ɣoru'zu] |
| perua (f) | hind toyuğu | ['hind toju'ɣu] |

animais (m pl) domésticos	ev heyvanları	['æv hɛjvanla'rı]
domesticado	əhliləşdirilmiş	[æhlilæʃdiril'miʃ]
domesticar (vt)	əhliləşdirmək	[æhlilæʃdir'mæk]
criar (vt)	yetişdirmək	[ɛtiʃdir'mæk]

quinta (f)	ferma	['fɛrma]
aves (f pl) domésticas	ev quşları	['ɛv guʃla'rı]
gado (m)	mal-qara	['mal ga'ra]
rebanho (m), manada (f)	sürü	[sy'ry]

estábulo (m)	tövlə	[tøv'læ]
pocilga (f)	donuz damı	[do'nuz da'mı]
estábulo (m)	inək damı	[i'næk da'mı]
coelheira (f)	ev dovşanı saxlanılan yer	['æv dovʃa'nı saɣlanı'lan 'ɛr]
galinheiro (m)	toyuq damı	[to'juh da'mı]

90. Pássaros

pássaro, ave (m)	quş	['guʃ]
pombo (m)	göyərçin	[gøjær'ʧin]
pardal (m)	sərçə	[sær'ʧæ]
chapim-real (m)	arıquşu	[arıgu'ʃu]
pega-rabuda (f)	sağsağan	[saɣsa'ɣan]
corvo (m)	qarğa	[gar'ɣa]

gralha (f) cinzenta	qarğa	[gar'ɣa]
gralha-de-nuca-cinzenta (f)	dolaşa	[dola'ʃa]
gralha-calva (f)	zağca	[zaɣ'dʒʲa]
pato (m)	ördək	[ør'dæk]
ganso (m)	qaz	['gaz]
faisão (m)	qırqovul	[gɪrgo'vul]
águia (f)	qartal	[gar'tal]
açor (m)	qırğı	[gɪr'ɣɪ]
falcão (m)	şahin	[ʃa'hin]
abutre (m)	qrif	['grif]
condor (m)	kondor	[kon'dor]
cisne (m)	sona	[so'na]
grou (m)	durna	[dur'na]
cegonha (f)	leylək	[lɛj'læk]
papagaio (m)	tutuquşu	[tutugu'ʃu]
beija-flor (m)	kolibri	[ko'libri]
pavão (m)	tovuz	[to'vuz]
avestruz (f)	straus	[st'raus]
garça (f)	vağ	['vaɣ]
flamingo (m)	qızılqaz	[gɪzɪl'gaz]
pelicano (m)	qutan	[gu'tan]
rouxinol (m)	bülbül	[bylʲ'bylʲ]
andorinha (f)	qaranquş	[garan'guʃ]
tordo-zornal (m)	qaratoyuq	[garato'juh]
tordo-músico (m)	ötən qaratoyuq	[ø'tæn garato'juh]
melro-preto (m)	qara qaratoyuq	[ga'ra garato'juh]
andorinhão (m)	uzunqanad	[uzunga'nad]
cotovia (f)	torağay	[tora'ɣaj]
codorna (f)	bidirçin	[bilʲdir'tʃin]
pica-pau (m)	ağacdələn	[aɣadʒʲdæ'læn]
cuco (m)	ququ quşu	[gu'gu gu'ʃu]
coruja (f)	bayquş	[baj'guʃ]
corujão, bufo (m)	yapalaq	[japa'lah]
tetraz-grande (m)	Sibir xoruzu	[si'bir ɣoru'zu]
tetraz-lira (m)	tetra quşu	['tɛtra gu'ʃu]
perdiz-cinzenta (f)	kəklik	[kæk'lik]
estorninho (m)	sığırçin	[sɪɣɪr'tʃin]
canário (m)	sarıbülbül	[sarıbylʲ'bylʲ]
galinha-do-mato (f)	qarabağır	[garaba'ɣır]
tentilhão (m)	alacəhrə	[alatʃæh'ræ]
dom-fafe (m)	qar quşu	['gar gu'ʃu]
gaivota (f)	qağayı	[gaga'jı]
albatroz (m)	albatros	[albat'ros]
pinguim (m)	pinqvin	[ping'vin]

91. Peixes. Animais marinhos

brema (f)	çapaq	[ʧa'pah]
carpa (f)	karp	['karp]
perca (f)	xanı balığı	[χa'nı balı'ɣı]
siluro (m)	naqqa	[nak'ka]
lúcio (m)	durnabalığı	[durnabalı'ɣı]
salmão (m)	qızılbalıq	[gızılba'lıh]
esturjão (m)	nərə balığı	[næ'ræ balı'ɣı]
arenque (m)	siyənək	[sijæ'næk]
salmão (m)	somğa	[som'ɣa]
cavala, sarda (f)	skumbriya	['skumbrija]
solha (f)	qalxan balığı	[gal'χan balı'ɣı]
lúcio perca (m)	suf balığı	['suf balı'ɣı]
bacalhau (m)	treska	[trɛs'ka]
atum (m)	tunes	[tu'nɛs]
truta (f)	alabalıq	[alaba'lıh]
enguia (f)	angvil balığı	[ang'vil balı'ɣı]
raia elétrica (f)	elektrikli skat	[ɛlɛktrik'li 'skat]
moreia (f)	müren balığı	[my'rɛn balı'ɣı]
piranha (f)	piranya balığı	[pi'ranja balı'ɣı]
tubarão (m)	köpək balığı	[kø'pæk balı'ɣı]
golfinho (m)	delfin	[dɛl'fin]
baleia (f)	balina	[ba'lina]
caranguejo (m)	qısaquyruq	[gısaguj'ruh]
medusa, alforreca (f)	meduza	[mɛ'duza]
polvo (m)	səkkizayaqlı ilbiz	[sækkizajag'lı il'biz]
estrela-do-mar (f)	dəniz ulduzu	[dæ'niz uldu'zu]
ouriço-do-mar (m)	dəniz kirpisi	[dæ'niz kirpi'si]
cavalo-marinho (m)	dəniz atı	[dæ'niz a'tı]
ostra (f)	istridyə	[istri'dʲæ]
camarão (m)	krevet	[krɛ'vɛt]
lavagante (m)	omar	[o'mar]
lagosta (f)	lanqust	[lan'gust]

92. Amfíbios. Répteis

serpente, cobra (f)	ilan	[i'lan]
venenoso	zəhərli	[zæhær'li]
víbora (f)	gürzə	[gyr'zæ]
cobra-capelo, naja (f)	kobra	['kobra]
pitão (m)	piton	[pi'ton]
jiboia (f)	boa	[bo'a]
cobra-de-água (f)	koramal	[kora'mal]

| cascavel (f) | zınqırovlu ilan | [zıngırov'lʲu i'lan] |
| anaconda (f) | anakonda | [ana'konda] |

lagarto (m)	kərtənkələ	[kærtænkæ'læ]
iguana (f)	iquana	[igu'ana]
varano (m)	çöl kərtənkələsi	[tʃœl kærtænkælæ'si]
salamandra (f)	salamandr	[sala'mandr]
camaleão (m)	buğələmun	[buɣælæ'mun]
escorpião (m)	əqrəb	[æg'ræp]

tartaruga (f)	tısbağa	[tısba'ɣa]
rã (f)	qurbağa	[gurba'ɣa]
sapo (m)	quru qurbağası	[gu'ru gurbaɣa'sı]
crocodilo (m)	timsah	[tim'sah]

93. Insetos

inseto (m)	həşarat	[hæʃa'rat]
borboleta (f)	kəpənək	[kæpæ'næk]
formiga (f)	qarışqa	[garıʃ'ga]
mosca (f)	milçək	[mil'tʃæk]
mosquito (m)	ağcaqanad	[aɣdʒʲaga'nad]
escaravelho (m)	böcək	[bø'dʒʲæk]

vespa (f)	arı	[a'rı]
abelha (f)	bal arısı	['bal arı'sı]
zangão (m)	eşşək arısı	[ɛ'ʃʃæk arı'sı]
moscardo (m)	mozalan	[moza'lan]

| aranha (f) | hörümçək | [hørym'tʃæk] |
| teia (f) de aranha | hörümçək toru | [hørym'tʃæk toru] |

libélula (f)	cırcırama	[dʒʲırdʒʲıra'ma]
gafanhoto-do-campo (m)	şala cırcıraması	[ʃa'la dʒʲırdʒʲırama'sı]
traça (f)	pərvanə	[pærva'næ]

barata (f)	tarakan	[tara'kan]
carraça (f)	gənə	[gæ'næ]
pulga (f)	birə	[bi'ræ]
borrachudo (m)	mığmığa	[mıɣmı'ɣa]

gafanhoto (m)	çəyirtkə	[tʃæjırt'kæ]
caracol (m)	ilbiz	[il'biz]
grilo (m)	sisəy	[si'sæj]
pirilampo (m)	işıldaquş	[iʃılda'guʃ]
joaninha (f)	xanımböcəyi	[χanımbødʒʲæ'jı]
besouro (m)	may böcəyi	['maj bødʒʲæ'jı]

sanguessuga (f)	zəli	[zæ'li]
lagarta (f)	kəpənək qurdu	[kæpæ'næk gur'du]
minhoca (f)	qurd	['gurd]
larva (f)	sürfə	[syr'fæ]

FLORA

94. Árvores

árvore (f)	ağac	[a'ɣadʒʲ]
decídua	yarpaqlı	[jarpag'lı]
conífera	iynəli	[ijnæ'li]
perene	həmişəyaşıl	[hæmiʃæja'ʃıl]

macieira (f)	alma	[al'ma]
pereira (f)	armud	[ar'mud]
cerejeira (f)	gilas	[gi'las]
ginjeira (f)	albalı	[alba'lı]
ameixeira (f)	gavalı	[gava'lı]

bétula (f)	tozağacı	[tozaɣa'dʒʲı]
carvalho (m)	palıd	[pa'lıd]
tília (f)	cökə	[dʒʲø'kæ]
choupo-tremedor (m)	ağcaqovaq	[aɣdʒʲago'vah]
bordo (m)	ağcaqayın	[aɣdʒʲaga'jın]
espruce-europeu (m)	küknar	[kyk'nar]
pinheiro (m)	şam	['ʃam]
alerce, lariço (m)	qara şam ağacı	[ga'ra 'ʃam aɣa'dʒʲı]
abeto (m)	ağ şam ağacı	['aɣ 'ʃam aɣadʒʲı]
cedro (m)	sidr	['sidr]

choupo, álamo (m)	qovaq	[go'vah]
tramazeira (f)	quşarmudu	[guʃarmu'du]
salgueiro (m)	söyüd	[sø'jud]
amieiro (m)	qızılağac	[gızıla'ɣadʒʲ]
faia (f)	fıstıq	[fıs'tıh]
ulmeiro (m)	qarağac	[gara'ɣadʒʲ]
freixo (m)	göyrüş	[gøj'ryʃ]
castanheiro (m)	şabalıd	[ʃaba'lıd]

magnólia (f)	maqnoliya	[mag'nolija]
palmeira (f)	palma	['palma]
cipreste (m)	sərv	['særv]

mangue (m)	manqra ağacı	['mangra aɣa'dʒʲı]
embondeiro, baobá (m)	baobab	[bao'bap]
eucalipto (m)	evkalipt	[ɛvka'lipt]
sequoia (f)	sekvoya	[sɛk'voja]

95. Arbustos

arbusto (m)	kol	['køl]
arbusto (m), moita (f)	kolluq	[kol'lʲuh]

| videira (f) | üzüm | [y'zym] |
| vinhedo (m) | üzüm bağı | [y'zym ba'ɣı] |

framboeseira (f)	moruq	[mo'ruh]
groselheira-vermelha (f)	qırmızı qarağat	[gırmı'zı gara'ɣat]
groselheira (f) espinhosa	krıjovnik	[krı'ʒovnik]

acácia (f)	akasiya	[a'kasija]
bérberis (f)	zərinc	[zæ'rindʒʲ]
jasmim (m)	jasmin	[ʒas'min]

junípero (m)	ardıc kolu	[ar'dıdʒʲ ko'lʲu]
roseira (f)	qızılgül kolu	[gızıl'gylʲ ko'lʲu]
roseira (f) brava	itburnu	[itbur'nu]

96. Frutos. Bagas

maçã (f)	alma	[al'ma]
pera (f)	armud	[ar'mud]
ameixa (f)	gavalı	[gava'lı]
morango (m)	bağ çiyələyi	['baɣ tʃijælæ'jı]
ginja (f)	albalı	[alba'lı]
cereja (f)	gilas	[gi'las]
uva (f)	üzüm	[y'zym]

framboesa (f)	moruq	[mo'ruh]
groselha (f) preta	qara qarağat	[ga'ra gara'ɣat]
groselha (f) vermelha	qırmızı qarağat	[gırmı'zı gara'ɣat]
groselha (f) espinhosa	krıjovnik	[krı'ʒovnik]
oxicoco (m)	quşüzümü	[guʃyzy'my]
laranja (f)	portağal	[porta'ɣal]
tangerina (f)	mandarin	[manda'rin]
ananás (m)	ananas	[ana'nas]
banana (f)	banan	[ba'nan]
tâmara (f)	xurma	[xur'ma]

limão (m)	limon	[li'mon]
damasco (m)	ərik	[æ'rik]
pêssego (m)	şaftalı	[ʃafta'lı]
kiwi (m)	kivi	['kivi]
toranja (f)	qreypfrut	['grɛjpfrut]

baga (f)	giləmeyvə	[gilæmɛj'væ]
bagas (f pl)	giləmeyvələr	[gilæmɛjvæ'lær]
arando (m) vermelho	mərsin	[mær'sin]
morango-silvestre (m)	çiyələk	[tʃijæ'læk]
mirtilo (m)	qaragilə	[garagi'læ]

97. Flores. Plantas

| flor (f) | gül | ['gylʲ] |
| ramo (m) de flores | gül dəstəsi | ['gylʲ dæstæ'si] |

rosa (f)	qızılgül	[gızıl'gylʲ]
tulipa (f)	lalə	[la'læ]
cravo (m)	qərənfil	[gæræn'fil]
gladíolo (m)	qladiolus	[gladi'olʲus]

centáurea (f)	peyğəmbərçiçəyi	[pɛjɣæmbærʧiʧæ'jı]
campânula (f)	zəngçiçəyi	[zæŋgʧiʧæ'jı]
dente-de-leão (m)	zəncirotu	[zændʒʲiro'tu]
camomila (f)	çobanyastığı	[ʧobanjastı'ɣı]

aloé (m)	əzvay	[æz'vaj]
cato (m)	kaktus	['kaktus]
fícus (m)	fikus	['fikus]

lírio (m)	zanbaq	[zan'bah]
gerânio (m)	ətirşah	[ætir'ʃah]
jacinto (m)	giasint	[gia'sint]

mimosa (f)	küsdüm ağacı	[kys'dym aɣa'dʒʲı]
narciso (m)	nərgizgülü	[nærgizgy'ly]
capuchinha (f)	ərikgülü	[ærikgy'ly]

orquídea (f)	səhləb çiçəyi	[sæh'læp ʧiʧæ'jı]
peónia (f)	pion	[pi'on]
violeta (f)	bənövşə	[bænøv'ʃæ]

amor-perfeito (m)	alabəzək bənövşə	[alabæ'zæk bænøv'ʃæ]
não-me-esqueças (m)	yaddaş çiçəyi	[jad'daʃ ʧiʧæ'jı]
margarida (f)	qızçiçəyi	[gızʧiʧæ'jı]

papoula (f)	lalə	[la'læ]
cânhamo (m)	çətənə	[ʧætæ'næ]
hortelã (f)	nanə	[na'næ]

| lírio-do-vale (m) | inciçiçəyi | [indʒʲiʧiʧæ'jı] |
| campânula-branca (f) | novruzgülü | [novruzgy'ly] |

urtiga (f)	gicitkən	[giʧit'kæn]
azeda (f)	quzuqulağı	[guzugula'ɣı]
nenúfar (m)	ağ suzanbağı	['aɣ suzanba'ɣı]
feto (m), samambaia (f)	ayıdöşəyi	[ajıdøʃæ'jı]
líquen (m)	şibyə	[ʃib'jæ]

estufa (f)	oranjereya	[oranʒɛ'rɛja]
relvado (m)	qazon	[ga'zon]
canteiro (m) de flores	çiçək ləki	[ʧi'ʧæk læ'ki]

planta (f)	bitki	[bit'ki]
erva (f)	ot	['ot]
folha (f) de erva	ot saplağı	['ot sapla'ɣı]

folha (f)	yarpaq	[jar'pah]
pétala (f)	ləçək	[læ'ʧæk]
talo (m)	saplaq	[sap'lah]
tubérculo (m)	kök yumrusu	[køk jumru'su]
broto, rebento (m)	cücərti	[dʒydʒʲær'ti]

espinho (m)	tikan	[ti'kan]
florescer (vi)	çiçək açmaq	[ʧi'ʧæk aʧ'mah]
murchar (vi)	solmaq	[sol'mah]
cheiro (m)	ətir	[æ'tir]
cortar (flores)	kəsmək	[kæs'mæk]
colher (uma flor)	dərmək	[dær'mæk]

98. Cereais, grãos

grão (m)	dən	['dæn]
cereais (plantas)	dənli bitkilər	[dæn'li bitki'lær]
espiga (f)	sümbül	[sym'bylʲ]

trigo (m)	taxıl	[ta'χıl]
centeio (m)	covdar	[ʤov'dar]
aveia (f)	yulaf	[ju'laf]
milho-miúdo (m)	darı	[da'rı]
cevada (f)	arpa	[ar'pa]

milho (m)	qarğıdalı	[garɣıda'lı]
arroz (m)	düyü	[dy'ju]
trigo-sarraceno (m)	qarabaşaq	[garaba'ʃah]

ervilha (f)	noxud	[no'χud]
feijão (m)	lobya	[lo'bja]
soja (f)	soya	['soja]
lentilha (f)	mərcimək	[mærʤi'mæk]
fava (f)	paxla	[paχ'la]

PAÍSES DO MUNDO

99. Países. Parte 1

Afeganistão (m)	Afqanistan	[afganis'tan]
África do Sul (f)	Cənubi Afrika respublikası	[ʤæˈnuˈbi 'afrika rɛs'publikası]
Albânia (f)	Albaniya	[al'banija]
Alemanha (f)	Almaniya	[al'manija]
Arábia (f) Saudita	Səudiyyə Ərəbistanı	[sæudi'æ æræbista'nı]
Argentina (f)	Argentina	[argɛn'tina]
Arménia (f)	Ermənistan	[ɛrmænis'tan]
Austrália (f)	Avstraliya	[av'stralija]
Áustria (f)	Avstriya	['avstrija]
Azerbaijão (m)	Azərbaycan	[azærbaj'ʤˈan]
Bahamas (f pl)	Baqam adaları	[ba'gam adala'rı]
Bangladesh (m)	Banqladeş	[bangla'dɛʃ]
Bélgica (f)	Belçika	['bɛlʧika]
Bielorrússia (f)	Belarus	[bɛla'rus]
Bolívia (f)	Boliviya	[bo'livija]
Bósnia e Herzegovina (f)	Bosniya və Hersoqovina	['bosnija 'væ hɛrsogo'vina]
Brasil (m)	Braziliya	[bra'zilija]
Bulgária (f)	Bolqarıstan	[bolgarıs'tan]
Camboja (f)	Kamboca	[kam'boʤˈa]
Canadá (m)	Kanada	[ka'nada]
Cazaquistão (m)	Qazaxstan	[gazaχ'stan]
Chile (m)	Çili	['ʧili]
China (f)	Çin	['ʧin]
Chipre (m)	Kıbrıs	['kıbrıs]
Colômbia (f)	Kolumbiya	[ko'lʲumbija]
Coreia do Norte (f)	Şimali Koreya	[ʃima'li ko'rɛja]
Coreia do Sul (f)	Cənubi Koreya	[ʤæˈnuˈbi ko'rɛja]
Croácia (f)	Xorvatiya	[χor'vatija]
Cuba (f)	Kuba	['kuba]
Dinamarca (f)	Danimarka	[dani'marka]
Egito (m)	Misir	[mi'sir]
Emirados Árabes Unidos	Birləşmiş Ərəb Əmirlikləri	[birlæʃ'miʃ æ'ræp æmirliklæ'ri]
Equador (m)	Ekvador	[ɛkva'dor]
Escócia (f)	Şotlandiya	[ʃot'landija]
Eslováquia (f)	Slovakiya	[slo'vakija]
Eslovénia (f)	Sloveniya	[slo'vɛnija]
Espanha (f)	İspaniya	[is'panija]
Estados Unidos da América	Amerika Birləşmiş Ştatları	[a'mɛrika birlæʃ'miʃ ʃtatla'rı]

Estónia (f)	Estoniya	[ɛs'tonija]
Finlândia (f)	Finlyandiya	[fin'lʲandija]
França (f)	Fransa	['fransa]

100. Países. Parte 2

Gana (f)	Qana	['gana]
Geórgia (f)	Gürcüstan	[gyrdʒys'tan]
Grã-Bretanha (f)	Böyük Britaniya	[bø'juk bri'tanija]
Grécia (f)	Yunanıstan	[junanıs'tan]
Haiti (m)	Haiti	[ha'iti]
Hungria (f)	Macarıstan	[madʒʲarıs'tan]
Índia (f)	Hindistan	[hindis'tan]
Indonésia (f)	İndoneziya	[indo'nɛzija]
Inglaterra (f)	İngiltərə	[in'giltæræ]
Irão (m)	İran	[i'ran]
Iraque (m)	İraq	[i'rak]
Irlanda (f)	İrlandiya	[ir'landija]
Islândia (f)	İslandiya	[is'landija]
Israel (m)	İsrail	[isra'il]
Itália (f)	İtaliya	[i'talija]
Jamaica (f)	Yamayka	[ja'majka]
Japão (m)	Yaponiya	[ja'ponija]
Jordânia (f)	İordaniya	[ior'danija]
Kuwait (m)	Küveyt	[ky'vɛjt]
Laos (m)	Laos	[la'os]
Letónia (f)	Latviya	['latvija]
Líbano (m)	Livan	[li'van]
Líbia (f)	Liviya	['livija]
Liechtenstein (m)	Lixtenşteyn	[liχtɛn'ʃtɛjn]
Lituânia (f)	Litva	[lit'va]
Luxemburgo (m)	Lüksemburq	[lyksɛm'burh]
Macedónia (f)	Makedoniya	[makɛ'donija]
Madagáscar (m)	Madaqaskar	[madagas'kar]
Malásia (f)	Malayziya	[ma'lajzija]
Malta (f)	Malta	['malta]
Marrocos	Mərakeş	[mæra'kɛʃ]
México (m)	Meksika	['mɛksika]
Myanmar (m), Birmânia (f)	Myanma	['mjanma]
Moldávia (f)	Moldova	[mol'dova]
Mónaco (m)	Monako	[mo'nako]
Mongólia (f)	Monqolustan	[mongolʲus'tan]
Montenegro (m)	Qaradağ	[ga'radaɣ]
Namíbia (f)	Namibiya	[na'mibija]
Nepal (m)	Nepal	[nɛ'pal]
Noruega (f)	Norveç	[nor'vɛtʃ]
Nova Zelândia (f)	Yeni Zelandiya	[ɛ'ni zɛ'landija]

101. Países. Parte 3

Países (m pl) Baixos	Niderland	[nidɛr'land]
Palestina (f)	Fələstin muxtariyyatı	[fælæs'tin muχtaria'tı]
Panamá (m)	Panama	[pa'nama]
Paquistão (m)	Pakistan	[pakis'tan]
Paraguai (m)	Paraqvay	[parag'vaj]
Peru (m)	Peru	[pɛ'ru]
Polinésia Francesa (f)	Fransız Polineziyası	[fran'sız poli'nɛzijası]

Polónia (f)	Polşa	['polʃa]
Portugal (m)	Portuqaliya	[portu'galija]
Quénia (f)	Keniya	['kɛnija]
Quirguistão (m)	Qırğızıstan	[gırɣızıs'tan]
República (f) Checa	Çexiya	['ʧɛχija]
República (f) Dominicana	Dominikan Respublikası	[domini'kan rɛs'publikası]
Roménia (f)	Rumıniya	[ru'mınija]

Rússia (f)	Rusiya	['rusija]
Senegal (m)	Seneqal	[sɛnɛ'gal]
Sérvia (f)	Serbiya	['sɛrbija]
Síria (f)	Suriya	['surija]
Suécia (f)	İsveç	[is'vɛʧ]
Suíça (f)	İsveçrə	[is'vɛʧræ]
Suriname (m)	Surinam	[suri'nam]

Tailândia (f)	Tailand	[tai'land]
Taiwan (m)	Tayvan	[taj'van]
Tajiquistão (m)	Tacikistan	[taʤ'ikis'tan]
Tanzânia (f)	Tanzaniya	[tan'zanija]
Tasmânia (f)	Tasmaniya	[tas'manija]
Tunísia (f)	Tunis	[tu'nis]
Turquemenistão (m)	Türkmənistan	[tyrkmænis'tan]

Turquia (f)	Türkiyə	['tyrkijæ]
Ucrânia (f)	Ukrayna	[uk'rajna]
Uruguai (m)	Uruqvay	[urug'vaj]
Uzbequistão (f)	Özbəkistan	[øzbækis'tan]
Vaticano (m)	Vatikan	[vati'kan]
Venezuela (f)	Venesuela	[vɛnɛsu'æla]
Vietname (m)	Vyetnam	[vjɛt'nam]
Zanzibar (m)	Zənzibar	[zænzi'bar]